50 Kaffeehäuser
&
36 Kuchenrezepte

Marion Jentzsch

Inhalt

50 Besondere Kaffeehäuser

zwischen Baden-Baden, Lörrach und Straßburg

Meine Lieblingsadressen

Ich möchte Ihnen meine liebsten Cafés und Flammkuchen-
lokale vorstellen. 50 Ziele, alle im Südbadischen zwischen Weil
am Rhein, Offenburg und Baden-Baden, dazu noch ein paar
Ausflüge ins Elsass (s. S. 111).

Unter den Adressen finden sich die unterschiedlichsten Häuser: die Auswahl reicht vom gemütlichen Ausflugscafé bis zur
eleganten Grand Hotel Terrasse.

Wichtigstes Kriterium für die Wahl der Häuser war die Qualität
der Kuchen oder Flammkuchen, sowie das – zugegeben sub-
jektive – Wohlgefühl, ein Willkommen- und Aufgehobensein,
wie es sich in einem sorgfältig geführten Haus einstellt.

Hinweise zum speziellen Charakter der einzelnen Häuser finden Sie in den drei unten genannten Rubriken. Ergänzungen
und Kritik sind willkommen.

Ich wünsche Ihnen anregende Stunden mit Kaffee & Kuchen.

Marion Jentzsch

◀ CAFÉ

Das Besondere	**falls vorhanden, also:** üppiges Kuchenangebot ausgefallenes Konzept ungewöhnliches Ambiente individuelle Gasträume Engagement der Betreiber aufmerksamer Service.
Stil & Stimmung	**rustikal / bürgerlich / elegant** Meine Auswahl reicht von der ländlichen Stube über deutsche Traditionscafés bis zum Luxus eines 5-Sterne-Hotels.
Draußensitzen	♠ ein paar Tische draußen ♠ ♠ verträumt im Garten, am Bächle, reizvoller Innenhof ♠ ♠ ♠ eine herausragende Kaffeeterrasse in Weltlage

Auch bei meinen Lieblingscafés stimmt nicht immer alles:

◆ **Cappuccino, Latte macchiato, Espresso etc.:** Längst beliebte Standards, die leider bis heute oft aus billigem Kaffee und mit mangelnder Kenntnis zubereitet werden. Schön wär's, wenn italienische Kaffeespezialitäten auch mit hochwertigen Produkten und entsprechendem Sachverstand zubereitet würden.

◆ **Preis und Leistung** beim Kaffee- und Teeangebot passen oft nicht zueinander. Beim Wareneinsatz von Teeblatt und Kaffeebohne wird auf den Cent geschaut, Tee wird oft nur als Beutelware angeboten.

◆ **Stimmung und Unruhe:** Handygeplapper, Laptopgeklimper, laute Tischgespräche, Kinderwagenburgen im Eingang – Zurückhaltung gehört heute offenbar nicht mehr zum guten Ton in vielen Cafés. ALFRED POLGAR ging einst ins Wiener Kaffeehaus, um in Gesellschaft allein zu sein. Heute fühlt man sich im Kaffeehaus mitunter verloren unter Rücksichtslosen.

◆ **Das Zuckerangebot** beschränkt sich meist auf weißen Kristallzucker. Paßt zu Tee nicht auch brauner Zucker oder Kandiszucker? Und zur Dosierung: ein Stück Würfelzucker ist zuviel für einen kurzen Espresso – meinen viele Espressofreunde, man sollte individuell dosieren können (Päckchen oder Streuer).

◆ **Kuchen, Kaffee oder Tee und Lektüre** ergänzen sich zum genüßlichen Zeitvertreib. Das Angebot in vielen Kaffeehäusern kommt über ein paar zerfledderte Lesezirkelhefte und eine (!) Tageszeitung nicht hinaus – schade.

Diese Mängel sollen jedoch Ihre Freude am Caféhausbesuch nicht trüben. Meine Cafés sind kritisch, teils auch bewußt subjektiv ausgewählt. Eine Sammlung wie diese kann (und will) nicht vollständig sein. Sicher gibt es noch Cafés, die ich nicht kenne und die es verdient hätten, hier aufgenommen zu werden. Für Hinweise und Anregungen bin ich jederzeit dankbar.

1   Baden-Baden | KÖNIG

Die Kaffeehaus-Institution im Zentrum Baden-Badens: Gediegen-gedämpfte Traditions-Café-Atmosphäre. Polstermöbel, hohe Decken und große Lüster. Das Stammpublikum im König erscheint mitunter wie ein spätbürgerliches Sittengemälde: viel saturierter Mittelstand, Hütchen und Hündchen. Damen aus Halbhöhenlagen, auch mal ein galanter Herr mit Einstecktuch. Dazwischen Laufkundschaft vor Sahnehäubchen.

Gleich wie, wer dem etwas verwehten Geist von Baden-Baden nachschmecken möchte, hier wäre ein Platz zur teilnehmenden Beobachtung. Unter den Adressen in diesem Buch eine der wenigen, wo Confiserie, Pâtisserie, Eleganz und ein Schlag Dekadenz gefällig zusammenkommen.

Ewig lockt das Erdbeertörtchen: *Café König, Baden-Baden*

Die Kuchen: Großes Kuchen- und Tortenangebot aus eigener Konditorei – täglich mindestens 25 Sorten. Ungewöhnlich breit auch die Auswahl an Kleingebäck, Petits Fours und hausgemachten Pralinen.

Die Inhaberfamilie Gmeiner, Mitglied bei *Relais Desserts* – einer internationalen Vereinigung führender Pâtissiers & Chocolatiers – zählt zu den renommiertesten Cafétiers in Baden. Es gibt Gmeiner-Filialen in Offenburg und Oberkirch, sowie eine Verkaufsstelle in Freiburg. Produktionsstätte ist Appenweier,

wo in der Hochsaison z.B. um Ostern bis zu 30 Konditoren im täglichen Einsatz sind und rund 400 Torten und Kuchen ausgeliefert werden.

✔ Breites, gepflegtes Teeangebot und echte Trinkschokolade.

✔ Täglich ab 14 Uhr Afternoon-Tea mit Petits Fours zum Festpreis, hausgemachten Scones nach einem Rezept von Harrods – mit Sour Cream und Erdbeerkonfitüre, Club-Sandwiches.

Außerdem serviert werden kleinere Gerichte wie Suppen und Salate sowie Vorspeisen (Tafelspitzsülze, Geflügelterrine oder Graved Lachs) und kleine Hauptgerichte (Königinpastetchen, Zucchini-Omelette und gebratene Lachswürfel).

Café, Confiserie König
Lichtentaler Straße 12, 76530 Baden-Baden
(Weitere Filialen in Offenburg und Freiburg, s. S. 27, 58)
Tel. 07221-23573, www.chocolatier.de
Öffnungszeiten: Café tägl. 8.30 bis 18.30 Uhr durchgehend.
Ladengeschäft Mo - Sa 9.30 bis 18.30 Uhr;
Sonn- und Feiertag 10.30 bis 18.30 Uhr durchgehend.
Gehobene Preise

Das Besondere	Baden-Baden wie aus dem Bildband
Stil & Stimmung	elegant
Draußensitzen	♠ ♠ ♠

2   Baden-Baden | KAFFEEHAUS

Ein beliebtes kleines Tagescafé mitten in der Fußgängerzone von Baden-Baden. Gemütlicher Innenraum, im Sommer stehen ein paar Tischchen auf dem Trottoir.

Die Kuchen werden von einer gelernten Konditorin nach eigenen Hausrezepten frisch gebacken – Torten gibt es keine! Im wechselnden Angebot zum Beispiel Pfirsich-Mascarpone-Schnitten, Apfelrahmkuchen mit Streuseln oder Mohnkuchen mit Sauerkirschen, auch mal einen Blechkuchen oder einen Rührkuchenklassiker, etwa Marmornapfkuchen. Die Kuchen sind sehr gut, frisch und ohne künstliche Aromastoffe.

Nur eine Anregung: Der Mürbeteigboden könnte noch etwas dünner sein.

Frischer Kuchen, guter Café: *das Kaffeehaus in Baden-Baden*

✔ Ausgezeichneter Kaffee. Bezogen von einer kleinen deutschen Rösterei, hervorragende Zubereitung. Wir schmecken: guter Kaffee muß also nicht unbedingt aus Italien kommen! Wie es sich gehört, wird zum Kaffee ein Stückchen Schokolade gereicht, zum Espresso kommt ein Glas Wasser.

✔ Ebenso gutes und großes Teeangebot von der dänischen Firma *A.C. Perch's*, dem dänischen Hoflieferanten. Der Tee wird offen im Kännchen serviert.

Außerdem: Kleine Frühstückskarte bis 12 Uhr.

Kaffeehaus (Frauke Bausch-Kuhn), Gernsbacher Strasse 24, 76530 Baden-Baden, Tel. 07221 - 7025021
Öffnungszeiten: Mo bis Freitag 9.30 - 18 Uhr, Sa 10.30 - 18 Uhr, So 13 -18 Uhr
Preise mittel

Das Besondere	anspruchsvolle Kaffeezubereitung
Stil & Stimmung	gepflegt, aber leger
Draußensitzen	♠ ♠ ♠

3   Bühl | BÖCKELER

Traditionscafé auf zwei Stockwerken im Ortskern von Bühl. Nachdem die Inneneinrichtung vorsichtig aufgehübscht wurde, wirkt das Haus hell, freundlich und zeitgemäß. Beim Kuchenangebot ist die Richtung ohnehin klar: kompromisslos gut.

Die Kuchen: Täglich über 20 frisch gebackene Kuchen und Torten in wechselndem Angebot. Daneben eine kleinere Auswahl an Moussetörtchen. Die Kuchen und Torten von Böckeler sind durchweg sehr gut. Sehr fein z.B. der *Elsässische Apfelkuchen,* aber auch all die anderen Obstkuchen. Anstelle des üblichen Biskuitbodens verwendet Böckeler dafür einen Mürbeteigboden, der mit einer Creme bestrichen und mit verschiedenen Früchten belegt wird. Ausgezeichnete *Moussetorte* mit Zwetschgenwasser.

✔ Großes Angebot an Pralinen, Confiserie und Feingebäck. Die Spezialität von Böckeler sind seine *Bühler*

Breites Sortiment, beste Qualität: *Böckeler in Bühl*

Zwetschgen, ein mit Zwetschgenwasser abgeschmecktes Mandel-Nougat-Konfekt.

✔ Empfehlenswert die heißen Schokoladen – mit einer Portion Sahne im Extraschälchen serviert. Hausgemachte Eisspezialitäten.

Außerdem**:** Vesper, Salate, kleine Gerichte. Sonntags Frühstücksbuffet.

Café Conditorei Böckeler (Stefan Böckeler)
Hauptstraße 48, 77815 Bühl / Baden. Tel. 07223-945 94
www.boeckeler.org (Filialen in Achern, Baden-Baden und Karlsruhe)
Öffnungszeiten – Café: Mo bis Fr 8-18.30 Uhr; Sa 8-17 Uhr;
So 9.30-18 Uhr. – Ladengeschäft: Mo bis Fr 7-18.30 Uhr; Sa 7-17 Uhr; So 8-17 Uhr.
Faire Preise

Das Besondere	selten breites und gutes Kuchenangebot
Stil & Stimmung	bürgerlich
Draußensitzen	♠ ♠ ♠

Aussichtsdeck über den Reben: *Burg Windeck*

4   Bühl | BURG WINDECK

Die Burg Windeck liegt inmitten eigener Rebhänge oberhalb von Bühl. Panoramablick auf Rheintal und Vogesen vom Restaurant mit romantischem Burg-Ambiente und von der großen Burghof-Terrasse – an klaren Tagen bis hin zum Straßburger Münster und zu den Vogesen.

Die Kuchen: Gut sortiertes Kuchenangebot mit einem Dutzend hausgemachter Kuchen und Torten (täglich von 14 bis 17 Uhr). Die Kuchen sind gut bis sehr gut. Neben üppigen, barock anmutenden Torten wie die Nuß-Marzipan-Torte oder die Trüffeltorte gibt es auch eine Auswahl an gängigen Klassikern wie Käsekuchen, Bienenstich, Linzertorte, Beerenschmand- und Apfelkuchen sowie Erdbeertartelettes, die jedoch alle üppiger und feiner gefertigt werden als üblich.

Nuß-Marzipan-Torte mit Vogesenblick: *Burg Windeck, bei Bühl*

Burg Windeck, Kappelwindeckstraße 104, 77815 Bühl / Baden
Tel. 07223-9492-0, www.burg-windeck.de
Öffnungszeiten: Täglich geöffnet. Sonntag ab 17 Uhr Ruhetag.
(An Sommerwochenenden häufig Gesellschaften.)
Mittlere Preise

Das Besondere	romantisch-bürgerliches Panoramacafé
Stil & Stimmung	bürgerlich
Draußensitzen	

Lage, Lage, Lage! *Schloß Staufenberg, Durbach*

5 Durbach | SCHLOSS STAUFENBERG

Klingelberger (Riesling), Flammkuchen und eine grandiose Aussicht aufs Ortenauer Rebland – Weingut und Gutsschänke des Markgrafen Max von Baden krönen die steilen Durbacher Rebberge. Das vielbesuchte Ausflugslokal bietet eine selten exponierte Panoramaterrasse (Selbstbedienung). Dort kollidieren mitunter großartige Lage und banaler Ausflugsbetrieb, aber der Platz ist und bleibt einfach Klasse. Besuchen Sie den Traumfleck am besten unter der Woche.

Flammkuchen: Guter selbstgemachter krachdünner Flammkuchen. Drei verschiedene Variationen, auch vegetarisch.

✔ **Außerdem:** Gut sortierter Käseteller und wechselnde kleine Tagesgerichte in der Vesperklasse.

Kühler Riesling zu heißem Flammkuchen: *Schloß Staufenberg*

✔ **Breite Auswahl** an gutseigenen Weinen, offen oder in der Flasche ausgeschenkt – diese relativ preiswert und gut gekühlt wie selten (extra Weinkühler stehen zur Selbstbedienung bereit).

Seit 2012 besteht eine Kooperation zwischen dem Hotel Ritter in Durbach und dem VDP-Weingut Markgraf von Baden. Die Weinstube mit Terrasse wird derzeit komplett neu gestaltet.

Weinstube Markgraf von Baden/Schloß Staufenberg
Schloß Staufenberg, 77770 Durbach
Tel. 0781-92465838, www.schloss-staufenberg.de
Öffnungszeiten: Die Weinstube hat ganzjährig geöffnet. April bis Oktober 11 - 21 Uhr (bei schönem Wetter auch länger). November bis März 12 - 21 Uhr. Mo, Di geschlossen.
Mittlere Preise.

Das Besondere	**die** Panoramaterrasse (Selbstbedienung)
Stil & Stimmung	rustikal
Draußensitzen	♠ ♠ ♠

Zentral und praktisch – *Café Gmeiner, Offenburg*

6   Offenburg | GMEINER

Gut besuchtes Tagescafé mitten in der Fußgängerzone von Offenburg. Unter dem Schatten von Ahornbäumen und weißen Sonnenschirmen schmeckt das Erdbeertörtchen auch an einem heißen Sommernachmittag.

Die Kuchen: Täglich mindestens 25 Kuchen und Torten aus eigener Konditorei.

✔ **Außerdem** das komplette Gmeiner-Sortiment: Kleingebäck, Petits Fours und hausgemachte Pralinen.

Wöchentlich wechselnde Tageskarte; kleinere Mittagsgerichte.

✔ **Täglich ab 14 Uhr** Afternoon-Tea mit hausgemachten Scones, Club-Sandwiches, Petits Fours und Tee nach Wahl.

✔ Effizienter Service, auch unter Vollast.

Kaffeehaus Gmeiner, Steinstraße 2, 77652 Offenburg
Tel. 0781-703 02, www.chocolatier.de
Filialen in Baden-Baden, Oberkirch und Freiburg (vgl. auch S.14).
Öffnungszeiten: Mo, Mi, Do, Fr 8.30 -18.30 Uhr;
Di 7.30 - 18.30 Uhr, Sa 7 - 18 Uhr, So 13 - 18 Uhr.
Mittlere Preise

Das Besondere	populärer Treff in zentraler Lage
Stil & Stimmung	bürgerlich
Draußensitzen	

Beliebter Kuchentreff: *Drehers Kaffeehaus, Gengenbach*

7   Gengenbach | DREHERS KAFFEEHAUS

Gut besuchtes, großzügig und modern eingerichtetes Traditionscafé, zentral im fachwerksatten Ortskern der ehemaligen Freien Reichsstadt gelegen und nur wenige Schritte vom sehenswerten Marktplatz enfernt.

Die Kuchen: Täglich wartet ein üppig bestücktes Buffet mit circa 20 verschiedenen Kuchen und Torten, die durchweg gut sind. Dreher ist bekannt im Land, es kann auch mal vorkommen, daß die Kuchentheke von Radfahrern oder einer Busgesellschaft dezimiert oder gar geplündert wurde. Also am besten vor 15 Uhr kommen oder, was auch möglich ist, seinen Lieblingskuchen reservieren lassen.

✔ **Spezialität des Hauses** ist die Gengenbacher Nußtorte mit einem Nußboden mit Buttercremeauflage, abgeschmeckt mit Kirschwasser – eine mächtige, aber geschmacklich hervorragende Komposition.

Auszeit mit Nußtorte: *Drehers Kaffeehaus, Gengenbach*

✔ **Gutes Kaffee- und Teeangebot**. Tee lose im Kännchen; alle Kaffeesorten auch als koffeinfreie Variante.

Außerdem: Umfangreiche Frühstückskarte (sonn- und feiertags unbedingt reservieren). Wöchentlich wechselnde Speisekarte. Mo bis Fr werden mittags Salate und andere Kleinigkeiten serviert.

Bei Hochbetrieb mitunter längere Wartezeiten.

Dreher's Kaffeehaus (Markus Dreher)
Victor-Kretz-Straße 12, 77723 Gengenbach
Tel. 07803-966 78 36, www.stadtbaeckerei-dreher.de
Dreher's Kaffeehaus in Gengenbach (mit angeschlossener Bäckerei) ist das Stammhaus und die Produktionsstätte für weitere Filialen in der Umgebung.
Öffnungszeiten: Mo bis Sa 7.30 bis 19 Uhr, So 9.30 bis 19 Uhr
Günstige bis mittlere Preise

Das Besondere	Tagescafé im Fachwerkstädtchen
Stil & Stimmung	bürgerlich
Draußensitzen	♠ ♠ ♠

Flammkuchenmekka im Ortenauer Ried: *Krone, Altenheim*

8   Neuried-Altenheim | KRONE

Die Krone ist überregional als Flammenkuchenmekka bekannt. Der traditionelle Landgasthof mit gepflegter, ortstypischer Fachwerkfassade liegt direkt an der Hauptstraße im Ortskern. Ein stimmungsvoller Innenhof bietet reichlich Freisitzplätze. Auch der rustikale Gastraum mit grünem Kachelofen und unvermurkster Holztischstimmung wirkt einladend. Man kommt wieder, kennt sich und weiß, was kommt. Zum Flammkuchen aus dem laufenden Ofen paßt die unkomplizierte Atmosphäre und ein aufmerksamer, flinker Service.

Flammkuchen: Im Holzofen gebackene Fladen mit extradünnem Boden und unterschiedlichem Belag. Der Flammkuchen wird nicht einzeln bestellt, sondern direkt aus dem Holzofen auf einem großen Tablett den Gästen am Tisch präsentiert – dabei wechseln die Belagvarianten ständig ab. Wer möchte, bekommt ein Stück serviert, wer aussetzen will, wartet auf die nächste Runde.

Sorgenfrei im Innenhof: *Krone, Altenheim*

Serviert wird in steter Folge: Flammkuchen traditionell, mit einem Belag aus einer Mehl-Eier-Salz-Mischung; mit Bauchspeck; mit Rahm, Zwiebeln und Speck; mit Grieben. Saisonbedingt auch mit Spargel. Zum Dessert gibt es flambierte Apfel-Flammkuchen in zwei Größen.

Außerdem: Forelle aus dem Holzbackofen, Bibiliskäs mit Ofenkartoffel, Ochsenmaulsalat oder Schäufele mit Kartoffelsalat.

Gasthaus Krone (Familie Teufel)
Kehler Straße 63, 77743 Neuried-Altenheim
Tel. 07807-21 53, www.krone-altenheim.de
Öffnungszeiten: Mi, Fr ab 18 Uhr; So ab 17 Uhr.
In der Regel herrscht großer Andrang. Reservierung empfohlen.
Betriebsferien von Mitte November bis Anfang Januar.
Mittlere Preise

Das Besondere	Ortenauer Flammkuchenmekka
Stil & Stimmung	rustikal
Draußensitzen	♠ ♠ ♠

Gepflegtes Kuchen- und Tortenangebot: *Café Burger, Lahr*

9 Lahr | Genussmanufaktur Café BURGER

Das großzügige Tagescafé liegt in der Fußgängerzone von Lahr und ist Teil eines Ladenkomplexes. Die heutigen Besitzer Frank und Annette Schulz übernahmen das Café 1999 mitsamt dem Namen des Vorbesitzers und modernisierten es geschmackvoll. Heller, großzügig verglaster Innenbereich und weitere Sitzplätze vor dem Haus.

Die Kuchen: Das tägliche Kuchenangebot umfaßt 20 bis 30 Kuchen und Torten, im Sommer viele verschiedene Obstkuchen. Daß nur beste Zutaten verwendet werden, ist deutlich zu schmecken.

✔ Ausgezeichnet die Haustorte, eine *Nuss-Kirschtorte*, die aus mit Sauerkirschen und Creme gefüllten Nussböden besteht.

Immer schnell ausverkauft ist der *Sonnenkuchen*, ein Kranz aus dänischem Plunderteig mit einer dezenten Mandel-Vanillecreme-Füllung. In ganz schmale

Scheibchen geschnitten paßt er – laut Chefin – „zu Kamillentee und zu Champagner".

Gelobt wird auch von professioneller Seite: Ein Gastrokritiker lobte den *Gugelhupf* vom Café Burger bereits 2003 gar als „den ultimativen Gugelhupf östlich des Elsass." Im selben Jahr landete der *Christstollen* des Café Burger in einer Blindverkostung der ZEIT auf dem ersten Platz. Kein Wunder, Frank Schulz ist Mitglied im Conditorenring, einem Zusammenschluß von acht führenden Conditorei-Fachbetrieben aus ganz Deutschland.

✔ Großes Confiserieangebot.

Alle Kaffee- und Schokoladespezialitäten sind auch laktosefrei zu haben.

✔ Umfangreiche Frühstückskarte und ein wöchentlich wechselnder, kleiner saisonaler Mittagstisch.

✔ Durchweg freundlicher und aufmerksamer Service.

Die Stammkundschaft weiß das Café Burger zu schätzen, darunter auch ein Herrenstammtisch, der sich seit 30 Jahren jeden Morgen hier trifft.

Genussmanufaktur - Café - Burger (Annette und Frank Schulz)
Bei der Stadtmühle 4, 77933 Lahr
Tel. 07821-1345, www.cafe-burger.de
Öffnungszeiten: Mo bis Fr 8 - 19 Uhr, Sa 7.30 - 17 Uhr. Sonn- und feiertags geschlossen.
Mittlere Preise

Das Besondere	das Kuchenangebot
Stil & Stimmung	freundliches Tagescafé
Draußensitzen	♠ / ♠ ♠

10 Ettenheim | DEES

Das übersichtlich eingerichtete traditionelle Café ist dem Verkaufsraum mit einem immer gut bestückten Kuchenthresen angeschlossen, der hier eindeutig die Hauptrolle spielt. Im Sommer stehen zwei drei Tische an der Straße.

Die Kuchen: Die Spezialität von Robert Dees ist seine monumentale *Schwarzwälder Kirschtorte*, für die Liebhaber auch mal einen größeren Umweg auf sich nehmen.

Die Konditorei bietet außerdem andere tagesfrisch hergestellte Kuchen und Torten. Im Schnitt gehen an einem Sonn- oder Feiertag bis zu 18 Schwarzwälder Kirschtorten über die Ladentheke – wohlgemerkt neben den anderen Kuchen und Torten.

Außerdem Pralinen und Eis aus eigener Herstellung. Gute Spitzwecken.

✔ Freundliche Chefin, freundlicher Service.

Café Conditorei Dees (Robert Dees)
J.-B.-von Weiß-Str. 2, 77955 Ettenheim (von der A5 kommend, nahe der Durchgangsstraße Ecke Hotel Deutscher Hof - derzeit Restaurant Thessaloniki). Tel. 07822-9506, www.cafe-dees.de
Öffnungszeiten: Di bis Sa 8-18.30 Uhr;
Sonn- und Feiertag 8-18 Uhr; Mo Ruhetag.
Faire Preise

Das Besondere	die Schwarzwälder Kirschtorte
Stil & Stimmung	solide & traditionell
Draußensitzen	♠ ♠ ♠

Höher geht nicht: *Robert Dees und seine Schwarzwälder*

Spitzenauswahl, freundliche Gastgeber: *Adler, Triberg*

11 Triberg | ADLER

Deutschlands höchste Wasserfälle, der Welt größte Kuckucks-uhr (15,30 Meter hoch), genug Busparkplätze – das sorgt für touristischen Umtrieb, Souvenirläden und biedere Schwarz-wälder Ausflugsstimmung. So weit, so gewöhnlich.

Wenn es aber um exzellente Kuchen geht, bietet Triberg eine Ausnahmeadresse: An der stark befahrenen Hauptstraße, schräg gegenüber vom Parkhotel Wehrle, steht der altehrwürdige Adler. 1660 als Brauereigaststätte gegründet, heute ein Hotel mit feinbürgerlichem Café. Direkt am Eingang eine lange, gut be-stückte Kuchentheke. Hinten raus und somit abseits vom Passantenbetrieb liegt die geschützte Sonnenterrasse vor rustikaler Fachwerkfassade.

Die Kuchen: Qualität und Auswahl an Kuchen und Torten sind höchst bemerkenswert, das Haus bietet feinstes deutsches Konditorenhandwerk – für meinen Geschmack in dieser Klasse in Südbaden ohne Konkurrenz.

Im Angebot Klassiker wie Prinzregententorte, Frankfurter Kranz oder Sachertorte. Auch sehr feine gebackene Kuchen und Obstkuchen, die gut aussehen, klasse schmekken und klangvolle Namen tragen, etwa Apfel royal oder Bunte frutta.

✔ **Spezialität:** Mousse-Torten, wie die Champagner-Mousse-Torte, die auf Eiweißbasis hergestellt sind und daher weniger kalorienreich als die üblichen Sahne- und Cremetorten. Sehr feine Pralinen-, Schokoladen- und Marzipanpräsente, Teegebäck.

Außerdem: Frühstücksbuffet und kleine Gerichte, belegte Brötchen, Suppen, Salate, Maultaschen.

Hotel Café Adler (Ursula und Kuno Holzer)
Hauptstraße 52, 78098 Triberg
Tel. 07722-4574, www.hotel-cafe-adler.de
Öffnungszeiten: Täglich 9 bis 18 Uhr; Montag Ruhetag.
Mittlere Preise

Das Besondere	feines deutsches Konditorenhandwerk
Stil & Stimmung	bürgerlich
Draußensitzen	

Kaffeerösterei, Tagescafé, Schauplatz: *Mahlwerkk, Emmendingen*

12 Emmendingen | MAHLWERKK

Gemischtes Doppel aus Rösterei und gut frequentiertem Tagescafé in der Fußgängerzone der Altstadt, zentral zwischen altem und neuem Rathaus gelegen. Neben Tee und Kaffee wird noch Allerlei rund ums Tee- und Kaffeetrinken angeboten. Draußen sonnig-unterhaltsame Plätze auf dem Trottoir der schmalen, von Fachwerkhäusern gesäumten Gasse.

Die Kuchen: Täglich 8 bis 10 verschiedene Wähen, Kuchen und Torten, produziert von der Konditorei Barleon in Bötzingen. Darunter wagenradgroße Obstwähen mit Blätterteigboden, mit und ohne Baiser.

Außerdem: Diverse Croissants, Muffins, Brezeln und belegte Brötchen.

✔ Breite Kaffee- und Teeauswahl. Verschiedene frisch geröstete Kaffeesorten – im Ausschank sind acht Arabicasorten, verkauft werden ungefähr 20 Kaffeesorten. Genausoviel verschiedene Tees stehen auf der Karte, zu kaufen gibt es aber bis zu 100 Teesorten.

✔ Ein größeres Angebot an Trinkschokoladen und im Sommer verschiedene eisgekühlte Getränke: Eistee (hausgemacht), Eiskaffee und -schokolade, Frappés, Frozen Joghurts (mit Früchten) und Eisshakes.

✔ Freundlicher Service

Mahlwerkk – Kaffeerösterei (Christine Elmer)
Westend 11, 79312 Emmendingen
Tel. 07641-954625, www.mahlwerkk.de
Öffnungszeiten: Mo bis Fr 8.00 - 18.30 Uhr; Sa 9 - 17 Uhr;
So 10 - 17 Uhr.
Günstige bis mittlere Preise

Das Besondere	Kaffee mit Rösterei im alten Stadtkern
Stil & Stimmung	retro-rustikal
Draußensitzen	♠ ♠ ♠

Klein, fein & kruschtelig: *Süßes Eckle, Oberprechtal*

13 Elzach-Oberprechtal | SÜSSES ECKLE

Das kleine Café mit Terrasse und Garten liegt mitten im Ort direkt an der Elz. Der flotte Ein-Frau-Betrieb wird von der sympathischen Inhaberin mit Elan geführt. Claudia Schweiger backt jeden Morgen ihre Kuchen und Torten – und zusätzlich noch eine kleine Auswahl an Pralinen und Kleingebäck. Bis auf die Stoßzeiten im Sommer macht sie nebenher auch noch alleine den Service.

Der Verkaufsraum im Erdgeschoß erinnert etwas an einen kleinen Dorfladen, in dem die Kinder nach der Schule noch Süßigkeiten kaufen. Kruschtelig das Ganze, aber die Kuchen sind sehr gut! Vom Verkaufsladen mit der Kuchentheke führt eine Wendeltreppe hinauf ins Café mit Terrasse. Gleich vorne an der Straße steht die rote Rundbank unter der Linde und ein Tischchen zum kurz Absitzen. Zum länger Verweilen gibt es den ruhigen Elz-Garten hinterm Haus.

Aber bitte mit Sahne – *Süßes Eckle, Oberprechtal*

Die Kuchen und Torten sind von ungewöhnlich guter Qualität, selten ansprechend komponiert, geschmacklich fein abgestimmt und auch optisch sehr gelungen. Im Sommer täglich über 10 verschiedene Kuchen.

✔ **Zu empfehlen:** Die Kardinalschnitten, eine leichte Komposition aus feinen Baiserstangen und lockerer Mokkasahne.

Süsses Eckle (Claudia Schweigler), Waldkircherstraße 4 (neben Gasthof Adler), 79215 Elzach-Oberprechtal, Tel. 07682-7498.
Öffnungszeiten: Do, Fr, Sa ab 13 Uhr; So ab 10 Uhr;
Mo, Di, Mi geschlossen. Ferien im Winter. Die Öffnungszeiten werden flexibel gehandhabt – besser vorher telefonieren.
Günstige Preise

Das Besondere	feine Kuchen im Stüble
Stil & Stimmung	rustikal
Draußensitzen	♠ ♠ ♠

14 Freiamt-Ottoschwanden | CAFÉDUFT

Nach der Gemarkungsfläche ist Freiamt die zweitgrößte Gemeinde in Baden-Württemberg – dies erklärt die weiten Entfernungen zwischen den einzelnen Ortsteilen, die gefällig im grünen Wald- und Wiesenland verteilt liegen. Die Eingeborenen sind freundlich und kennen den Weg zum Caféduft in Ottoschwanden. Der luftige Neubau im Zone-30-Stil liegt etwas versteckt oberhalb vom Kurhaus in der Eckackersiedlung. Dort wartet kein altbackener Plüschtempel, sondern ein luftiger Neubau mit Panoramaverglasung und großer Sommerterrasse – die wird an Schönwetter-Wochenenden zum belagerten Ausflugsziel.

Die Kuchen: Große Auswahl an tagesfrisch zubereiteten Kuchen und Torten – überwiegend aus natürlichen Produkten hergestellt. Das Angebot überzeugt nicht nur durch Qualität, sondern auch durch großzügigen Zuschnitt und günstigen Preis.

Süße Macht: *Tortenbuffet im Caféduft, Freiamt-Ottoschwanden*

✔ Wem die Portionen zu groß sind, kann auch ein kleines Kuchenstück bestellen. Kuchen auch zum Mitnehmen, reger Straßenverkauf.

Caféduft (Brigitte Mack)
Am Herrwald 2, 79348 Freiamt-Ottoschwanden
Tel. 07645-8772, www.cafeduft.com
Öffnungszeiten: Mo Ruhetag. Di bis Fr 14 - 19 Uhr, Sa 13 - 19 Uhr, So 9 - 21 Uhr. In den Sommerferien verlängerte Öffnungszeiten. Sonntags Frühstücksbuffet von 9 - 12 Uhr (Reservierung erbeten).
Günstige Preise

Das Besondere	beliebter Tortentreff im Grünen
Stil & Stimmung	bürgerlich-ländlich
Draußensitzen	♠ ♠ ♠

Rituelle Kucheneinkehr: *Traudel's Café in Freiamt-Brettental*

15 Freiamt-Brettental | TRAUDEL'S CAFÉ

Für traditionelle Kuchen- und Sahnetortenliebhaber gehört Traudel's Café im idyllisch, versteckten Brettental zu den Pflichtadressen. Am Sonntagnachmittag wird die Kucheneinkehr hier fast schon rituell zelebriert, vom MTB-Fahrer bis zur Großfamilie. Das Café mit der großen Gartenterrasse liegt an der Hauptstraße neben dem Ferienhotel Ludinmühle. Zum üppigen Kuchenangebot paßt das rustikale Interieur mit einem ausgeprägtem Hang zur bäuerlichen Folklore – unverzärtelter Freiämter Landhausstil.

Die Kuchen: Großes Angebot an hausgemachten Kuchen und Sahnetorten, für die „ausschließlich Naturprodukte" verwendet werden. Die Bauwerke sind in ihrer Opulenz kaum zu überbieten, auch die Größe der servierten Teilstücke ist überwältigend. Sie beeindrucken nicht nur durch Quantität, sondern vor allem durch Frische und Vielfalt.

✔ **Hervorragende Sahne!**

Wir schnallen den Gürtel weiter!

✔ **Spezialitäten**: Schwarzwälder Kirsch, Brettentäler Kranz, Kongo-Sahne-Torte – eine Kreation aus Sahne, Bananen und Kokos. Außerdem verschiedene Saisontorten und gebackene Kuchen wie Käsekuchen, Zebrakuchen, Erdbeer-, Heidelbeer- und Johannisbeerkuchen (saisonabhängig), Apfelkuchen, Sauerkirsch-Streusel-Kuchen, Hefekranz, Schmandkuchen und und ...

Außerdem: Eiscafé und andere Eisspezialitäten.

✔ Ausgesprochen freundlicher und flotter Service.

Traudel's Café (Gertrud Reinbold), Hauptstraße 19, 79348 Freiamt-Brettental. Tel. 07645-1680, www.traudelscafe.de
Öffnungszeiten: Mo bis Mi und Fr von 14 - 19/21 Uhr;
Sa, So und Feiertag von 13 - 21 Uhr; Do Ruhetag.
Im Sommer kein Ruhetag, dann Do 14 bis 18 Uhr.
Mittlere Preise

Das Besondere	regionaler Kuchentempel
Stil & Stimmung	rustikal
Draußensitzen	♠ ♠ ♠

Café am Sonnenhang: *Glöcklehof in Todtnauberg*

16 Todtnauberg | GLÖCKLEHOF

Der Glöcklehof liegt wunderschön an einem Sonnenhang am oberen Ortsrand von Todtnauberg. Im Winter wäre hier eine gemütliche Kaffeestube mit schönem Ausblick aus den kleinen Stubenfensterchen, im Sommer lockt die luftige Sonnenterrasse mit weiter Sicht ins Tal. Der ehemalige Bauernhof befindet sich seit 1841 in Familienbesitz. Als Martin Heidegger 1922 seine Hütte in Todtnauberg bauen ließ, kam einer der Schreiner vom Glöcklehof.

Die Kuchen: Alle Kuchen sind hausgemacht, ausgesprochen gut und sorgfältig gemacht. Die Größe des Kuchenangebotes variiert: Zur Hauptsaison im Herbst und Winter und an den Wochenenden können es bis zu 10 verschiedene Kuchen und Torten sein.

Außerdem: Suppen, Käse, Wurst- und Schinkenbrote, Wurstsalat.

Bauernstube *im Glöcklehof*

Café und Pension Glöcklehof (Fam. Harenberg)
Martin-Heidegger-Weg 16, 79674 Todtnauberg
Tel. 07671-1320, www.gloecklehof.de
Öffnungszeiten: Di bis Sa 14-18 Uhr,
Sonn- und Feiertag 11-18 Uhr. Mo Ruhetag.
Faire Preise

Anfahrt: Am Ortsanfang von Todtnauberg dem Wegweiser
zur Rütte folgen. Nach circa 200 Meter an der Brücke links
abbiegen. Ab hier sind es noch 1,5 Kilometer zum Martin-
Heidegger-Weg.

Das Besondere	familiäres Ausflugscafé am Sonnenhang
Stil & Stimmung	rustikaler Hochschwarzwald
Draußensitzen	♠ ♠ ♠

17 Titisee-Neustadt | FELDBERGBLICK

Das weithin beliebte Café (mit Pension) liegt auf 1000 Meter in Schwärzenbach, einem Schwarzwalddort in sonnig-freier Höhenlage. Um 1885 erbaut, diente das Gebäude zunächst als Schreinerei und Poliererei der Schwarzwälder Uhrenfabrik Winterhalder & Hofmeier.

Noch heute sitzt der Gast – sofern nicht auf der geschützten Terrasse mit Feldbergblick – in gepolstertem Schwarzwaldambiente in Nachbarschaft historischer Wand- und Standuhren. Die außergewöhnliche Uhrensammlung kann auch besichtigt werden.

Die Kuchen: herausragend gute Kuchen und Torten in beeindruckend reicher Auswahl – an Sonntagen in der Saison werden bis zu 25 Sorten tagesfrisch angeboten. Bei der Herstellung wird auf Konservierungsstoffe und andere

Ein Arm voll Schwarzwälder – *Frau Vogelbacher, Café Feldbergblick*

Zusatzstoffe verzichtet. Im Angebot auch verschiedene Obstkuchen für Gäste mit einer Laktose-Allergie.

✔ **Außerdem:** Auffallend gepflegte Teekarte mit Blatttees. Vesper und kleine warme Gerichte.

Café-Pension Feldbergblick (Familie Vogelbacher)
Schwärzenbach 19, 79822 Titisee-Neustadt
Tel. 07657-463, www.cafe-feldbergblick.de
Öffnungszeiten: Täglich von 9 bis 19 Uhr; Mo Ruhetag.
Außerhausverkauf nur nach tel. Vorbestellung bis 10 Uhr.
Mittlere Preise

Die hauseigene Modelleisenbahn kann gegen Gebühr besichtigt werden (Do bis Sa von 14 bis 17 Uhr).

Das Besondere	reiche Auswahl, hohe Qualität
Stil & Stimmung	bürgerliches Kuchenmekka
Draußensitzen	♠ ♠ ♠

18 Breitnau | KAISERS TANNE-WIRTSHUS

Typisches Schwarzwälder Ferienhotel an der B 500, der bekannten Panoramastraße zwischen Breitnau und Hinterzarten. Drinnen überwiegt konventionelle Romantik, die zeitweise mit Zithermusik unterstrichen wird. Freier und luftiger wirkt die großzügig möblierte Gartenterrasse, mit einer geschützten und selten langen Sonnenbank längs der Hausfront.

Die Kuchen: Täglich Schwarzwälder Kirschtorte, Käsekuchen mit Mandeln, Obstkuchen mit Beeren nach Saison, Sauerkirschkuchen mit Streuseln, Breitnauer Kranz (eine Variante des Frankfurter Kranzes), Apfelkuchen mit Mandeln und Marmorkuchen. Am Wochenende gibt es noch eine größere Kuchenauswahl, dann steht auch mal eine Flockensahne auf der Karte, dabei handelt es sich um eine spezielle Torte mit Brandteigboden, die mit Sah-

Luftige Terrasse, lange Sonnenbank: *Kaisers Tanne*

ne gefüllt wird. Die Kuchen aus der hauseigenen Konditorei sind von ausgesprochen guter Qualität, optisch von feiner Machart. Verarbeitet wird nur hochwertiges Obst.

✔ **Zu empfehlen** ist auch die Spezialität des Hauses: Ein Käsekuchen mit Mandeldecke.

Außerdem: Hausgemachtes Eis. Professioneller Service.

Kaisers Tanne (Brigitte und Edgar Kienzler)
Am Wirbstein 27, 79874 Breitnau
Tel. 07652-12010, www.kaisers-tanne.de
Öffnungszeiten: kein Ruhetag, ganzjährig ab 13 Uhr
– Kuchenbuffet ab 13.30 Uhr
Preise: mittel bis hoch

Das Besondere	luftige Terrasse mit Sonnenbank
Stil & Stimmung	traditionelle Schwarzwälder Hotelromantik
Draußensitzen	♠ ♠ ♠

Kameliendame – *Diva, Hinterzarten*

19 Hinterzarten | DIVA und ADLERSTUBEN

Das Café Diva wurde 2006 als Tagescafé unmittelbar gegenüber dem Parkhotel Adler eröffnet. Die Retro-Inneneinrichtung mit roten Ledersitzbänken, dunklem Mahagoni-Holz, allerlei verspielten Jugendstil-Details und einem guten Zeitungsangebot zitiert Wiener Kaffeehauselemente. Der großflächig verglaste Pavillonbau wirkt im Hochschwarzwald zwar überraschend bis fremd, großzügige Atmosphäre und freier Blick machen das Diva aber allemal zu einer attraktiven Kucheneinkehr. Mindestens so empfehlenswert zur süßen Einkehr ist – trotz der kleineren Kuchenauswahl – die beliebte Sonnenterrasse vor den Adlerstuben nebenan.

Die Kuchen: Täglich circa 10 verschiedene Kuchen, Torten und anderes Gebäck aus eigener Herstellung. Für die Adlerstuben beschränkt sich die Kuchen- und Tortenauswahl auf zwei bis vier verschiedene, die jedoch ebenfalls aus

Schwarzwaldmädel – *Adlerstuben, Hinterzarten*

der hauseigenen Konditorei stammen. Die Kuchen sind durchweg gut. Darunter auch eine feine Schwarzwälder Kirschtorte.

Außerdem – der Wiener Kaffeehaustradition verpflichtet: Süßspeisen wie Apfelstrudel, Kaiserschmarrn oder Palatschinken. Frühstück zwischen 10.30 und 13.00 Uhr, in dieser Zeit auch verschiedene Eiergerichte. Bis 17.30 Uhr werden Salate, Suppen und Pastagerichte angeboten.

✔ Aufmerksamer professioneller Service.

Café Diva und Adlerstuben – Parkhotel Adler (Katja Trescher)
Adlerplatz 3, 79856 Hinterzarten
Tel. 07652 - 127-0, www.parkhoteladler.de
Öffnungszeiten: Täglich 10.30 bis 18.00 Uhr; Mo Ruhetag.
Mittlere Preise

Das Besondere	sonnige Terrasse, lichter Cafépavillon
Stil & Stimmung	elegant
Draußensitzen	♠ ♠ ♠

Treff mit Ausstrahlung: *Goldene Krone, St. Märgen*

20 St. Märgen | GOLDENE KRONE

Die Goldene Krone wurde 1753 ursprünglich als einfache Klosterherberge erbaut. Erst zu Beginn des 20. Jahrhunderts wandelte sich das Anwesen zum eleganten Kurhotel und damit zum Reiseziel von wohlhabenden Gästen. Künstler, Gelehrte und Gefolge aus ganz Europa kehrten hier ein. 1921 trafen sich so auch Husserl und sein Schüler Heidegger in St. Märgen.

Als Luftkurorte aus der Mode kamen, blieben die Gäste aus, zuletzt stand das Anwesen 15 Jahre leer. Erst durch das Engagement einer lokalen Bürgerinitiative wurde die Krone gerettet, aufwändig restauriert und 2004 wieder neu eröffnet. Seither kochen, backen und wirten hier engagierte Landfrauen in schlicht-stilvoll renovierten Räumen. Auch das Café- und Gastronomie-Konzept steht für eine Rückbesinnung auf Einfaches und Hausgemachtes aus regionalen und saisonalen Zutaten. Mit nachhaltigem Erfolg.

Kleine, feine Auswahl: *Goldene Krone, St. Märgen*

Die Kuchen: Es gibt eine kleinere Auswahl an frisch hergestellten Kuchen und Torten aus der Café-Küche – jeden Tag mindestens sechs verschiedene Modelle. Am Wochenende außerdem Blechkuchen und ofenfrischer Hefezopf. Die Kuchen sind teilweise von sehr guter Qualität.

✔ Besonders empfehlenswert: Apfelkuchen mit Eierlikörsahne; Birnen-Bienenstich-Kuchen.

✔ Besonders beachtlich: Die freundlich, aufgeschlossene Atmosphäre in einem Landfrauenbetrieb läßt einen auch mal die eine oder andere Holprigkeit bei Hochbetrieb im Service vergessen. Behaglich-helle Räume, sehenswertes Gebäude. Insgesamt ein beachtliches Konzept, das Nachahmer verdient hätte.

✔ Kaffee wird obligatorisch mit einem Glas St. Märgener Brunnenwasser serviert.

✔ Selbstgemachte Limonaden, z.B. Pfefferminzlimonade mit Zitronenmelisse. Keine Cola.

55

Schwarzwälder XL: *Goldene Krone, St. Märgen*

Außerdem: Gute Suppen und Vesper, frische Salate der Saison. Eine Spezialität ist der *Käsemichel*, ein Bio-Weichkäse aus dem Schwarzwald, der mit einem Quark-Butter-Teig überbacken wird.

Frühstücksbuffet: Im Herbst und Winter Frühstücksbuffet mit ländlichen Produkten (für Erwachsene knapp 17 Euro).

✔ Bauernhofeis vom Eckhof – ohne künstliche Verdickungsmittel, Aroma- oder Farbstoffe.

Einkaufen: In einem Gastraum wird Allerlei vom Land angeboten: Liköre, Schnäpse, Honig, Eier, Teigwaren und besondere Marmeladen und Gelees, sowie Regionalliteratur.

✔ Selbstgebackenes: Jeden Fr und Sa Verkauf von Holzofenbrot; samstags auch Hefezopf ofenfrisch zum Mitnehmen.

Rückzugsgebiet *in der Goldenen Krone, St. Märgen*

Café Goldene Krone (LandFrauenWirtschaft eG)
Wagensteigstraße 10, 79274 St. Märgen
Tel. 07669-93 999 88, www.cafe-goldene-krone.de
Öffnungszeiten: Mi, Do, Fr 12 bis 18 Uhr;
Sa, Sonn- und Feiertage 14 bis 18 Uhr.
Ruhetage: Mo, Di.
In der Wintersaison teils verkürzte Öffnungszeiten, besser vorher anrufen.

Mittlere Preise

Das Besondere	interessantes Konzept, reizvolles Haus
Stil & Stimmung	bürgerlich-gediegen
Draußensitzen	

Süßer Showroom: *Confiserie Gmeiner, Freiburg*

21 Freiburg | Confiserie GMEINER

Die Confiserie Gmeiner, mit einem zeitgemäß präsentierten Kuchenangebot, zudem Schokolade und frische Pralinen, die hier in der Innenstadt, gleich eingangs der Gerberau, von Konditorinnenhand gefertigt werden. Außerdem salzige Teile, darunter Mini-Quiches und feine Schinkenhörnli.

Atmosphäre und Layout der Freiburger Gmeiner-Dependence wirken zeitgemäß-urban, was in der ungekrönten Hauptstadt von Rucksackträgern durchaus Beachtung verdient. Zum Konsum vor Ort laden leider nur wenige Stehtische (ein Kaffeehaus in diesem Stil wird in Freiburg noch immer sehnlich erwartet). Aber auch so ist der neue Gmeiner eine Bereicherung, die vom Start weg bestens angenommen wurde.

Confiserie Gmeiner, Kaiser-Joseph-Str. 243, 79098 Freiburg
Tel. 0761-42 99 17-30, www.chocolatier.de
Ladenzeiten: Mo bis Sa 10-18.30 Uhr, So u. Feiertag ab 13 Uhr
Mittlere bis gehobene Preise

Feine Schokobox: *Confiserie Mutter, Freiburg*

22 Freiburg | Confiserie MUTTER

Einfach Kuchen ist bei Mutter nicht das Thema: Im Mittelpunkt stehen über 40 verschiedene handgefertigte Pralinen und Desserts wie Mango-Mousse Arabica oder Akazien-Vollmilch-Mousse, Obst-Fours oder Schweizer Rüblis.

Hergestellt werden die Köstlichkeiten am Stammsitz der Familie in Bad Säckingen. Qualität und Frische stehen dabei an erster Stelle, verkauft wird nur im Freiburger Ladengeschäft. Zum kurz Absitzen gibt es Sitznischen im Erdgeschoß des auffallend liebevoll und abwechslungsreich dekorierten Ladengeschäfts sowie draußen an der Gerberau. Eine loungeartige Sitzlandschaft wartet auf der Empore im ersten Stock – mit Ausguck auf die Pralinentheke und raus auf die Gass. Eine feine Schokobox in der Altstadt.

Confiserie Rafael Mutter, Gerberau 5, 79098 Freiburg
Tel. 0761-292 71 41, www.confiserie-rafael-mutter.de
Öffnungszeiten: Mo bis Fr 9-19 Uhr, Sa 9-18 Uhr
Mittlere bis gehobene Preise

Trottoir mit Stil: *Café Graf Anton, Freiburg*

23 Freiburg | GRAF ANTON / Colombi

An einem Sommertag gibt es in der Freiburger Innenstadt keinen aparteren Ort für Kaffee und Kuchen als die bewirtete Gehsteigterrasse des Colombi Hotels. Ein feiner Platz im Kastanienschatten, am Rande des städtischen Geschiebes.

Der Gast bleibt hier unbehelligt von Bänkelsängern, Alltagsumtrieb und studentischem Gewese. Das Publikum reicht von aktiven Geschäftsleuten bis zur shoppingmüden Gattin, umsorgt vom aufmerksam-professionellen Service. Die Innenräume des Cafés erreichen nicht die Klasse der großzügigen Terrasse, bieten aber Blicke auf den Colombi-Park. Seit Herbst 2012 hat der Platz wegen der Sperrung des Rotteckrings für den Durchgangsverkehr noch dazu gewonnen.

Die Kuchen: Unübersehbar im Eingangsbereich die reich bestückte Kuchen- und Confiserietheke mit Kuchen, Torten, Pralinen und Petits Fours. Darunter stets diverse

Für jeden etwas: *Café Graf Anton, Colombi Hotel*

Obstkuchen und -torten, auch ein gedeckter Apfelkuchen, Rahmapfelkuchen, Johannisbeerroyal etc. Die freundliche Leiterin Linda Schmid expliziert selten engagiert das beachtliche Sortiment.

✔ Um die Weihnachtszeit bis Januar – und nur dann – werden die wunderbaren Tannenspitzen verkauft.

Graf Anton von Colombi (Café & Confiserie Leitung: Linda Schmid), Rotteckring 16, 79098 Freiburg, Tel. 0761-2106-0, www.colombi.de
Öffnungszeiten: Mo bis Fr 8-18.30 Uhr, Sa und So 10-18 Uhr
Mittlere Preise

Das Besondere	gediegene Oase mitten in der Stadt
Stil & Stimmung	besserbürgerlich-elegant
Draußensitzen	♠ ♠ ♠

Eins für alle: *Kolben-Kaffee, Freiburg*

24 Freiburg | KOLBEN-KAFFEE-AKADEMIE

Das zentral am Martinstor gelegene Café ist eine Multifunktionsadresse: drinnen ein lebhaftes Stehkaffee mit hoher Kundenfrequenz, draußen im Martinsgässle gut 70 Sitzplätze und flott-geübter Service im französischen Trottoirstil, dazu kommt noch der emsig praktizierte Thekenverkauf an Ausserhauskunden. Nach Kundenzahl, Angebot und Ablauf eine Referenzadresse in Freiburg.

Die Kuchen: Allein drei Pâtissiers sind mit der Herstellung der Kuchen und Torten beschäftigt. Der Chef der Backstube, Benoît Jaeger, ist Franzose – er arbeitet nach klassischen französischen Rezepturen: Kuchen und Pâtisserie (Millefeuille, Opéra), daneben diverse Frucht- und Moussetörtchen. Außerdem deutsche Klassiker wie Linzertorte, Käsekuchen, Bienenstich und Obsttorten.

✔ **Spezialität:** Moussetorten und Rhabarber-, Zitronen- und Johannisbeerkuchen mit Baiser. Im Winter sind eher Tartelettes mit exotischen Früchten im Angebot, im Sommer saisonnahe Obstkuchen.

Im Milchschaumrevier, *Kolben-Kaffee-Terrasse am Martinstor*

✔ **Außerdem:** Diverses Kleingebäck wie Croissants und Brioches. Dazu kommt eine mittelgroße Auswahl an belegtem Kleingebäck: Brötchen, Laugenteile, Baguettes. Im Sommer hausgemachtes Eis im Straßenverkauf.

✔ Bemerkenswert breites Kaffeeangebot. Im Ausschank sind fünf verschiedene Kaffeesorten aus der Schweiz und Italien, darunter eine 100% Arabica-Sorte. Die verschiedenen Kaffeespezialitäten (Ristretto, Espresso, Cappuccino, Milchkaffee und Latte Macchiato) werden nach Wunsch des Gastes mit dem ausgewählten Kaffee zubereitet.

Kolben-Kaffee-Akademie
Kaiser-Joseph-Straße 233 (am Martinstor), 79098 Freiburg
Tel. 0761-38700-24; www.kolbenkaffee-freiburg.de
Öffnungszeiten: Mo bis Fr 7 - 19 Uhr; Sa 8 - 19 Uhr;
Sonn- und Feiertage 10 - 17 Uhr.
Mittlere Preise

Das Besondere	französische Pâtisserie, guter Kaffee
Stil & Stimmung	bürgerlich
Draußensitzen	♠ ♠ ♠

Loge in der Altstadt, *Atrium am Augustinerplatz*

25 Freiburg | ATRIUM

Städtischer Kaffeetreff und Rückzugsort mit gemischtem Publikum. Von der Shopperin bis zum aktenstudierenden Anwalt findet hier so ziemlich jeder einen aussichtsreichen Platz oder auch ein stilleres Leseeck. Draußen zum Augustinerplatz hin wartet die schönste Sonnenbühne, eine Empore über der oberen Altstadt. Weitere Tische innen, zur Atrium-Passage hin.

Die Kuchen: Täglich circa 10 verschiedene Kuchen und Torten guter Qualität. Besonders zu empfehlen sind die Birnen-Schokomousse-Torte, Tiramisu, Apfelkuchen.

Außerdem: Umfangreiches Frühstücksangebot, wechselnde Mittagskarte, Antipasti und kleine Speisen werden bis 23 Uhr serviert.

✔ Großes Zeitungsangebot und diverse Zeitschriften.

Süße Fakten: *Kuchentheke im Atrium, Freiburg*

Café Atrium
Augustinerplatz, 79098 Freiburg, Tel. 0761-2741-80
Öffnungszeiten: Di bis Sa 9.30 - 24 Uhr; So, Mo 9.30-19.00 Uhr
Mittlere Preise

Das Besondere   **die** Sonnenterrasse in der Altstadt
Stil & Stimmung   bürgerlich-städtisch
Draußensitzen   ♠ ♠ ♠

Manna – *Die Spezerei am Augustinerplatz, Freiburg*

26 Freiburg | manna Die Spezerei

Im Mittelpunkt steht das Schrot und Korn, Leichtes und Ge-sundes, darunter die «Manna-Brotzeit» mit feinen Aufstrichen oder einfach mit Butter, sowie andere Kleinigkeiten im Stil der Generation Bionade.

Die Kuchen: An die 15 ver-schiedene Kuchen und Tor-ten werden täglich in Folge angeboten. Sie stammen alle von der Konditorei-Confiserie *Gmeiner*, die auch in Freiburg am Martinstor eine gut gehen-de Confiserie-Niederlassung unterhält.

Außerdem: Neben dem gros-sen Frühstücksangebot ein täglich wechselndes Mittags-gericht, unlängst noch um Rühr- und Spiegelei erweitert. Abends eine kleine Karte mit Antipasti, Gambas, Ofenkar-toffeln und Kräuterlachs.

- Selbstbedienung

Manna in Freiburg – *Vollkorn am Bächle*

✔ **Ladenverkauf:** verschiedene feine Sauerteig- und Holzofenbrote.

manna Die Spezerei (Manuela Stadter, Rüdiger Grabowski)
Salzstraße 28 / Augustinerpl., 79098 Freiburg
Tel. 0761-290 96 64, www.manna-die-spezerei.de
Öffnungszeiten: Nov. - April: Mo bis Sa 9-19 Uhr; So & Feiertag 10-19 Uhr. Mai-Oktober: Mo-Sa 8.30-21 Uhr; So & Feiertag 9-21 Uhr. Bei schönem Wetter Fr und Sa bis 24 Uhr. Kein Ruhetag.
Preise: mittel bis hoch

Das Besondere	Sonnenplätze rund ums Jahr
Stil & Stimmung	Milchschaum und Vollkorn
Draußensitzen	♠ ♠ ♠

In der Schatzkammer – *Café Baldung, Augustinermuseum*

27 Freiburg | CAFÉ BALDUNG

Das ehemalige Museumscafé im Augustinermuseum hat seit Sommer 2012 neue Pächter und einen neuen Namen: ‚Café Baldung' – nach dem Maler und Kupferstecher Hans Baldung Grien, einem Zeitgenossen Albrecht Dürers. Baldung Holzstiche hängen jetzt an den Wänden im Café.

Das Café Baldung bietet – je nach Laune oder Wetter – immer noch drei sehr differente Sitzmöglichkeiten: den stillen, fast kargen Kreuzgang zum alten Klosterhof, das Café in der ehemaligen Schatzkammer und den versteckten Zinnengarten an der Stadtmauer. Auf den Augustinerplatz werden keine Tische mehr gestellt. Durch die Änderung im Service, es herrscht nun Selbstbedienung, hat die Schatzkammer zumindest während Stoßzeiten an Ruhe und damit auch an Reiz verloren.

Kaffetrinken im Kreuzgang – *Café Baldung*

Die Kuchen: Die Kuchenauswahl stammt von Schöpflins Backhaus in Freiburg-Haslach (siehe S. 76).

✔ Der Kaffee kommt von der kleinen feinen Rösterei *coffee and more* von Thomas Schüle in Staufen.

✔ Blattteeauswahl im Beutel.

Außerdem: Frühstück, täglich wechselnde kleine Mittagsgerichte und Suppen.

- Selbstbedienung.

Café Baldung (Carolin Rechenbach und Sebastian Trefzer)
Augustinerplatz 1-3, 79098 Freiburg
Öffnungszeiten (unabhängig vom Museum): Di bis So 10-17 Uhr
Bei schönem Wetter am Abend auch länger. Ruhetag: Mo.
Mittlere Preise.

Das Besondere	in klösterlichen-musealen Hallen
Stil & Stimmung	urban und bürgerlich
Draußensitzen	♠ ♠ ♠

Signora Zuccolotto – *Classico, Freiburg*

28 Freiburg | CLASSICO

Italianità am Schwabentor – mit Cremetörtchen, Kuchen und Kleingebäck, Antipasti und selbstgemachtem Eis – bis zu 10 Sorten täglich.

Die Kuchen: Ein bemerkenswertes Kuchen- und Tortenangebot, darunter nicht nur hervorragende italienische Spezialitäten, sondern auch sehr feine Kuchen in deutscher Manier. Täglich circa 10 verschiedene Kuchen und Torten. Außer gebackenen Obstkuchen aus Mürbeteig und Rührkuchen (z. B. Marmorkuchen aus der Kasten-form) gibt es italienische Kuchenspezialitäten wie die *Torta di Ricotta* (eine Art Charlotte mit Löffelbiskuits und feiner Ricottacreme); verschiedene *Crostate* (flache, mit Obst oder Mascarpone gefüllte Mürbeteigkuchen) oder die Torta di mascarpone yogurt ai lamponi (eine Mascarpone-Joghurt-Kreation mit Himbeeren).

Original italienische Zuckerbäckerei – *Classico, Freiburg*

✔ **Außerdem:** Diverses italienisches Kleingebäck. Ganz besonders zu empfehlen sind hier die Tartufini, kleine mit Creme gefüllte Brandteigbällchen, die es in zwei Varianten gibt. Und dann noch die Haselnuß- und Mandelmakronen.

Mittags wechselnde Pastagerichte und Antipasti.

✔ Verschiedene italienische Kaffees – darunter ein sehr guter Espresso! Na sowas: Deutscher Kännchen-Kaffee steht ebenfalls auf der Karte.

Caffè Classico (Fam. Zuccolotto)
Oberlinden 6, 79098 Freiburg, Tel. 0761-2024510
Geöffnet: Mo bis Sa 8-20 Uhr; So 10-20 Uhr.
Im Winter So geschlossen.
Mittlere Preise

Das Besondere	feine Pasticceria, perfekter Espresso
Stil & Stimmung	Italianità in der oberen Altstadt
Draußensitzen	♠ ♠ ♠

29 Freiburg-Lehen | BLUMENCAFÉ

Süßes im Grünen: Seit über 10 Jahren betreibt die Floristin Heidi Rammo-Vonderstraß auf dem Gelände der Gärtnerei Vonderstraß das Blumencafé am Rande Freiburgs. Ein heller freundlicher Pavillonbau mit Fliesenboden und gemütlichem offenen Kamin – eher für eine ruhige Auszeit, denn als klassisches Caféhaus gedacht. Die Nähe von Beetpflanzen und Kuchentheke kommt an und regt an. Eine beliebte Adresse für einen Blitzurlaub an Freiburgs grünem Rand.

Die Kuchen: Täglich wechselnde Kuchen- und Tortenauswahl von Schöpflin's Backhaus in Freiburg-Haslach – darunter auch Schöpflins beliebte Malakofftorte (vgl. dort); ein Teil auch vom Freiburger Café Cappuccino (www.cafe-cappuccino.de). Überzeugend in der Qualität sind auch die sehr üppig belegten Fruchttartelettes auf Mürbeteigboden aus derselben Konditorei.

Ein Blühen und Duften: *Blumencafé Freiburg-Lehen*

Außerdem: Sa, So und Feiertage großes Frühstücksangebot à la carte.

Kleine Mittagskarte (Suppen und Salate) und wechselndes Tagesgericht.

Blumencafé (Heidi Rammo-Vonderstraß)
Humbergweg 14a, 79111 Freiburg-Lehen
Tel. 0761-156 05 00, www.blumencafe.de
Öffnungszeiten: Di bis Fr 14 - 22 Uhr;
Sa, Sonn- und Feiertage 10 - 18 Uhr. Mo Ruhetag.
Mittlere bis gehobene Preise

Das Besondere	Lage inmitten einer großen Gärtnerei
Stil & Stimmung	bürgerlich
Draußensitzen	♠ ♠ ♠

Erste Sahne: *Frau Schöpflin mit Malakofftorte*

Süße Einkaufsdressen in Freiburg

Confiserie Breuninger – an der Rückfront wartet im Erdge-schoß zum Münster hin ein kleines Café (Selbstbedienung) mit Confiserie. Die Trüffel, Tartes und Torten stammen aus der Breuninger Konditorei in Sindelfingen. Stehtische drinnen und einige Sitzplätze auf dem Münsterplatz. Kaufhaus Breuninger, Kaiser-Joseph-Straße. Wochentags 8 bis 18 Uhr.

Schöpflins Backhaus – mit einer überreich bestückten Ku-chentheke. Das Backhaus ist ein selten rühriger Familienbetrieb, neben den Inhabern arbeiten dort noch 5 Bäcker, 3 Konditoren und 11 Verkäuferinnen. Schöpflins Backhaus in Haslach beliefert täglich ab 6 Uhr mehr als 10 Cafés in Freiburg und Umgebung, und natürlich kommt reichlich eigene Privatkundschaft nach Haslach – sicher nicht nur wegen der oft gelobten Spezialität Malakoff-Torte. Zum Backhaus gehört ein kleines, recht bieder möbliertes Café und ein paar Freiplätze an der belebten Mark-grafenstraße. Zum Ziel wird das Backhaus eindeutig wegen der breiten Auswahl zum Mitnehmen. Schöpflins Backhaus, 79115 Freiburg-Haslach, Markgrafenstr. 6, Tel. 0761-494077, www.baeckerei-schoepflin.de. Öffnungszeiten: Mo-Fr 6-18 Uhr; Sa 6-16 Uhr; So 9-17 Uhr.

Der Käsekuchen vom Münsterplatz. Eine über Freiburg hinaus beliebte Spezialität vom Münsterplatz, der Marktstand wird an guten Tagen regelrecht belagert. Verkauft werden ganze, kleine Kuchen in passender Pappschachtel, sie ergeben je nach Schnitt ca. 4 üppige Portionen (es gibt Varianten mit/ohne Rosinen). Die sahnig-cremige Konsistenz des Münsterplatz Käsekuchens ist zuletzt zwar etwas fester geworden, aber eigentlich geht die Sache mehr in Richtung dichter, hochkalorischer Käsesahne – probieren Sie selbst. Verkaufswagen von Stefan Linder, am unteren Münsterplatz vor dem Brunnen am Kaufhaus Breuninger. Zu Marktzeiten am Do, Fr, Sa.

Josies Kuchen im Glas. Die kleinen Kuchen (darunter: Eierlikörkuchen, Omas Marmorkuchen, Brownie, Blondie, Schoko-Amaretto) werden direkt in kleinen Einweckgläsern gebacken, sie bleiben ohne Konservierungsstoffe wochenlang frisch und saftig. Marktstand jeden Samstag auf dem Freiburger Münstermarkt Nordseite; sowie im Internet: www.josie-original.de

Café Mozart (Sybille Rückert, Konditor: Markus Wegener). Täglich ein wechselndes großes und bemerkenswert gutes Kuchen- und Tortenangebot. In Innenstadtnähe eine der wenigen besonderen Adressen für Kuchenfreunde. Café Mozart, Habsburgerstraße 127, 79104 Freiburg, Tel. 0761-23200. Mo bis Freitag 8 - 18 Uhr, Sa 8 - 17 Uhr, sonntags geschl.

Chocolaterie Läderach. Die Schweizer Chocolaterie in 1 A-Lage auf der Kaiser-Joseph-Straße. Im Angebot: Konfektionsschokoladen von Camille Bloch, Cailler etc., hervorragend die frische Hausschokolade in diversen Varianten, auch Pralinen und Trüffel. Gehobene Preise. Neues Hauptgeschäft: Kaiser-Joseph-Strasse 201, Tel. 0761 2852 45 92, Mo bis Sa 9.30 - 20 Uhr. www.laederach.com.

Kompromisslos gut – *Oliver Bittlingmaier, Dagmar Holzer*

30 St. Georgen | Schwarzwälder Genusswerkstatt

Klein & hochfein – Dagmar Holzer und Oliver Bittlingmaier setzen mit ihrer Schwarzwälder Schokoladenmanufaktur auf höchste Qualität. Feinste, vorzugsweise regionale Zutaten werden auf traditionelle Weise verarbeitet. Der Schwerpunkt liegt in der Herstellung von Confiserie und Marmeladen, auf Bestellung werden aber auch Hochzeitstorten, Motivtorten und verschiedene Mousse-Torten gebacken.

■ Der Betrieb ist zwar mehr Manufaktur als Café, im hinteren Teil des Verkaufsraums stehen aber vier kleine Tische, akkurat flankiert von acht Polstersesseln, hier werden Kaffee, Tee und Trinkschokolade an Trüffel oder Praline serviert.

Die Confiserie: 40 Sorten Trüffeln und Pralinen (darunter viele saisonale Spezialitäten); fast ebensoviele diverse Tafelschokoladen (mit extravaganten Geschmacksrichtungen wie Aprikose-Lavendel oder Rosenblüten) bis hin zu einer herben Criollo-Wildkakaotafel. Außerdem Sonderanfertigungen aus Schokolade und typische Schwarzwaldprodukte wie Kuckucksuhren, Tannenzäpfle, Minischwarzwälder aus Marzipan, Bollenhüte aus Marzipan und Schokolade. Auch hauchdünne Schokotäfelchen verschiedenster Geschmacksrichtungen.

Die Confiserieprodukte sind außergewöhnlich gut. Die Trüffeln mit Fruchtnote wirken herrlich frisch und aromatisch, geschmacklich fein abgestimmt, ohne daß eines der Aromen zu intensiv hervortritt.

Die Kuchen: Auf Bestellung werden hervorragende Kuchen und Torten angefertigt. Dagmar Holzer wurde vor einigen Jahren als «Konditorin des Jahres» ausgezeichnet.

✔ Eine Spezialität an Weihnachten sind das traditionelle Hutzelbrot und der Christstollen.

Außerdem: Rund 40 Sorten Konfitüren und Gelees, die nur in kleinen Mengen hergestellt werden.

✔ Die Chefin steht selbst hinter der Verkaufstheke und berät freundlich und kompetent.

Die beiden Geschäftspartner sind im Vorstand des Condi Creativ Club e.V. – einer Gruppe im deutschen Konditorenhandwerk, der rund 60 ideenreiche Mitglieder angehören.

Schwarzwälder Genusswerkstatt (Dagmar Holzer, Oliver Bittlingmaier) Bärenplatz 12, 78112 St. Georgen
Tel. 07724-91 88 81, www.schwarzwaelder-genusswerkstatt.de
Öffnungszeiten: Mo bis Fr 9.00 - 12.30 Uhr, 14.30 - 18.00 Uhr
Sa 9.00 bis 12.30 Uhr. Im August nur vormittags geöffnet.
Mittlere Preise

Idyllisch die Mittelstadt – *Städtle Café, Burkheim*

31 Burkheim | STÄDTLE CAFÉ

Das Städtle Café liegt wie ein Schmuckkästchen oben in der historischen Mittelstadt von Burkheim, wo sich Fachwerk, romantische Gassen und Souvenirläden konzentrieren wie selten im Kaiserstuhl. Sehr pittoresk der Ausblick auf die abfallenden Gassen und die Altstadtdächer vom hinteren Gastraum aus, ansprechend auch der große Freisitz vor dem Haus auf dem kopfsteingepflasterten Platz beim Stadttor. Im Inneren wird es dann extrem idyllisch: unter geweißelten Deckenbalken verspielte Leuchter und Wandlämpchen, die Sprossenfenster wurden mit Vorhängle drapiert, der Wandfries trägt florales Design.

Die Kuchen: In der Kuchenvitrine steht eine kleinere Auswahl hausgemachter Kuchen und Torten, darunter saisonnahe Obstkuchen, Sahnetorten und Kuchenklassiker wie Käsekuchen – mit und ohne Obst – oder auch Rührkuchen. Die Kuchen und Torten sind frisch, die Qualität ist gut. An-

Locker die Sahne – *Städtle Café, Burkheim*

genehm, daß bei den Sahnetorten nicht unnötig viel Steifmittel eingesetzt wird, gerade so viel, daß der Kuchen Stand hat, die Sahne jedoch locker bleibt.

✔ Flammkuchen mit hauchdünnem Boden. (Flammkuchen auch unmittelbar nebenan im «Siebten Himmel»).

✔ Umfangreiche Weinkarte.

✔ Sehr freundliche Bedienung.

Städtle Café – Café und Vesperstube (Martina Zibold)
Mittelstadt 5, 79235 Vogtsburg-Burkheim
Tel. 07662-94 76 97, www.staedtlecafe.de
Öffnungszeiten: Do bis Mo 11.00 Uhr bis 18.30 Uhr.
RT: Di und Mi
Mittlere Preise

Das Besondere	Café in historischer Idylle
Stil & Stimmung	rustikal-verspielt
Draußensitzen	

Großraumcafé am Neumagen

32 Staufen | DECKER

Stark frequentiertes Tagescafé direkt an der Brücke über den Neumagen. Großer, konventionell möblierter Polstersalon mit langer Fensterfront längs des Neumagens, Dachterrasse und bewirtete Gehsteigterrasse bis zur Brücke. „Das Decker" ist seit Jahr und Tag eine Institution in Staufen, der Café- und Thekenbetrieb wirkt – besonders am Wochenende – lebhaft bis rummelig. Das ständige Kommen und Gehen im großen, eng möblierten Café sorgt für Unruhe, auch der Service gerät mitunter an die Grenze. Umsatz bedrängt Gemütlichkeit.

Die Kuchen: Überaus üppige Kuchen- und Tortenauswahl, etwa 20 bis 40 verschiedene Modelle täglich, animierend präsentiert in einer großformatigen Theke. Großes Pâtisserie-Angebot, Törtchen, Teilchen. Freilich ringt mitunter die Qualität im Detail (etwa bei den gewöhnlich ausgestatteten Obstkuchen) mit dem üppigen Gesamteindruck.

Polsterambiente, konservativ: *Café Decker, Staufen*

Extra Pralinentheke (eigene Herstellung). Reger Außerhausverkauf. Neben Kuchen auch eine große Auswahl verschiedener Brote und Kleingebäck.

✔ Große Blattteeauswahl im Kännchen. Extra Frühstückskarte, mittags kleine warme Gerichte.

Die Bedienungen sind nett und bemüht, wirken aber unter Vollast mitunter gestresst.

✔ **Gutes Zeitungsangebot**, bei Hochbetrieb fehlt aber einfach die Ruhe zum gemütlichen Lesen.

Confiserie Café Decker (Herm. Decker, Sabine Decker-Pahlke)
Hauptstraße 70, 79219 Staufen im Breisgau
Tel. 07633-5316, www.cafe-decker.de
Öffnungszeiten: Mo bis Sa 6.30 - 18 Uhr;
Sonn- und Feiertage 13.30 - 18 Uhr.
Preise: gehoben

Das Besondere	großvolumiges Tagescafé
Stil & Stimmung	bürgerlich
Draußensitzen	♠ ♠ ♠

33 Staufen | COFFEE AND MORE

Versteckt gelegene, stimmungsvolle Kaffeestube im stilleren Teil der Altstadt, gegenüber der Martinskirche. Bis Ende 2010 röstete Thomas Schüle hier im traditionellen, schonenden Trommelröstverfahren circa 15 Sorten Kaffee und 15 Sorten Espresso in kleinen Chargen, darunter auch Kaffeeraritäten aus Mittel- und Südamerika. Seit 2011 wird in einem Neubau außerhalb geröstet; das ebenso gemütliche wie kommunikative Café in der Altstadt bleibt aber als Stammsitz erhalten. Ein reizvoller Treff für alle, die abseits des Staufener Rummels Kaffee und Atmosphäre schnuppern wollen.

Die Kaffeestube, mit Antiquitäten und kalligraphischen Accessoires einer benachbarten Künstlerin ausgestattet, lädt zu Espresso, Cappuccino oder zum Kaffee des Tages ein. In der warmen Jahreszeit stehen auch einige locker verteilte Tischchen vor dem Eingang und auf dem kleinen Kirchplatz gegenüber. Thomas Schüle verbreitet gute Laune und gibt darüberhinaus äußerst kompetent Auskunft über Kaffeesorten, -maschinen, Crema, Mahlgrad und Anpreßdruck.

S'hett, so lang's hett – *Coffee and more, Staufen*

Die Kuchen: Täglich werden auch ein zwei hervorragende selbstgebackene Kuchen serviert: Darunter meist der Klassiker Käsekuchen, je nach Jahreszeit mit Früchten angereichert. Nach Saison auch Kirsch-, Zwetschgen- und Rhabarberkuchen. Die Kuchen werden stets frisch gebacken, sie sind noch warm – und inzwischen so beliebt, daß auch mal Kunden aus der Schweiz vor der Abfahrt anrufen und sich ein Stück reservieren – s' hett, so lang's hett.

Coffee and more (Thomas und Alexandra Schüle)
St. Johannesgasse 14, 79219 Staufen
Tel. 07633-98 18 24, www.coffeeandmore.de
Öffnungszeiten: Mo bis Fr 9.30 bis 18 Uhr, Sa 9.30 bis 14 Uhr
März bis Oktober: Sonn- und Feiertag 12 bis 17.30 Uhr
Günstige Preise

Das Besondere	Kaffeerösterei mit Ausschank
Stil & Stimmung	munterer Treff in der Altstadt
Draußensitzen	♠ ♠ ♠

34 Münstertal | ZÄHRINGER HOF

Auf dem Stohren, auf 1.100 Metern Höhe unterhalb des Schauinslandkammes gelegener Berggasthof mit kleiner Freiterrasse vor dem Haus und einem gemütlichen Gastraum – dort Tische mit Panoramablick in die Rheinebene. Der Zähringer Hof ist kein Café im engeren Sinn, sondern ein familiär geführter Berggasthof, aber einer mit ausgezeichneten selbstgebackenen Kuchen.

Der Kuchen: Die Chefin bäckt selbst, täglich frisch, aber nur ein bis zwei Kuchen. Zur Wanderzeit im Herbst gibt es auch mal drei Sorten. Das Angebot orientiert sich an der Saison. Es gibt hauptsächlich gebackene Obstkuchen, aber auch Käsekuchen mit frischen Beeren als Obsteinlage, mitunter auch eine Schwarzwälder Kirschtorte.

✔ Der Kaffee stammt von der guten Rösterei Coffee & more in Staufen (s. S. 82).

✔ Außerdem sorgfältig gekochte Regionalgerichte: Wild

Obstkuchen in Referenzqualität – *Zähringer Hof, Münstertal*

aus der Belchenjagd, Weiderind, Steinpilze mit Rösti, eigener Schinken und Speck.

Unterkommen: Für die Flucht aus dem Nebel warten fünf komfortable Gästezimmer und Appartements.

Zähringer Hof (Sabine und Christoph Riesterer)
Stohren 10, 79244 Münstertal (am Ende einer 1 km langen Stichstraße, ausgeschildert).
Tel. 07602-256, www.zaehringerhof.de (mit webcam)
Öffnungszeiten: Mi bis So 10 - 22 Uhr; Mo und Di Ruhetag.
Mittlere Preise

Das Besondere	schön gelegener Berggasthof
Stil & Stimmung	gepflegte Rustikalität
Draußensitzen	♠ ♠ ♠

Café, Kuchen & Literatur – *Liliencafe in Laufen*

35 Sulzburg-Laufen | LILIENCAFÉ

Die Staudengärtnerei Gräfin von Zeppelin, erhöht am Ortsrand von Staufen gelegen, ist für Gartenfreunde seit langem
ein, wenn nicht *das* Ziel im Südwesten. 2012 kam am Eingang
zur Gärtnerei noch ein großer Verkaufspavillon dazu, gebaut
im Stil eines englischen Gewächshauses mit weißen Streben,
Firstverzierungen und Dachreitern. So entstand ein geräu-
miger, lichter Verkaufsraum für die wohlsortierte Fachbuch-
handlung, Schwerpunkt Gartenliteratur, Regionalia, für den
Verkauf von Gartengerät und Accessoires und für das Tagescafé mit Selbstbedienungstheke und großzügiger Freiterrasse.

Der Kuchen: Im Angebot
sind an die zehn verschiedene Kuchen und Torten, gut
und tagesfrisch aus der eigen
Hauskonditorei.

✔ Erfreulich: Die Sahne
kommt frisch aus der Sahne-
maschine!

✔ Große Blattteeauswahl, in
Glastassen serviert.

Landlust in Laufen – *im Pavillon beim Liliencafé*

Außerdem: Frühstücksangebot, Mittags auch Suppen, saisonale Salate und weitere kleine Gerichte. Eingemachtes, Produkte zum Mitnehmen.

- Selbstbedienung

- Der Kinderspielplatz im Freien wurde so plaziert, daß der Cafébetrieb dadurch kaum gestört wird.

Liliencafé / Staudengärtnerei Gräfin von Zeppelin
Aglaja und Karine von Rumohr
Weinstrasse 2, D-79295 Sulzburg-Laufen
Tel. 07634 - 69716, www.staudengaertnerei.com
Öffnungszeiten: Täglich 10 - 18 Uhr.
Diverse Veranstaltungen im Liliencafé (darunter auch Sonntagsbrunch), aktuelle Termine siehe homepage.
Mittlere Preise

Das Besondere	Cafépavillon mitten in der Gärtnerei
Stil & Stimmung	luftige Atmosphäre im und am Glashaus
Draußensitzen	♠ ♠ ♠

Hausgebackenes in Zone 30: *Café Zweierlei, Müllheim-Feldberg*

36 Müllheim-Feldberg | ZWEIERLEI

In einem Neubaugebiet am Rande der Feldberger Reblage Paradies weist nur eine schlichte Schiefertafel auf das kleine Café im Parterre eines Wohnhauses – zu Gast bei Familie Wineberger. Das Café in einem ruhigen Wohngebiet hat an drei Nachmittagen von Freitag bis Sonntag geöffnet.

Die Kuchen: Täglich sind bis zu sieben verschiedene hausgebackene Kuchen im Angebot. Ab Samstag ist die Auswahl etwas größer, da gibt es auch mal Schwarzwälder Kirschtorte oder eine Himbeersahne. Die selbstgemachten Kuchen und Torten sind frisch und von guter Qualität.

Mit Hilfe einer selbst konstruierten Backvorrichtung können auch halbe Kuchen gebacken werden. Dadurch ist die Auswahl an immer frischen Kuchen gewährleistet.

✔ **Kuchenteller Zweierlei:** Statt eines großen Kuchenstücks werden im Café Zwei-

Familienbäckerei: *Café Zweierlei, Müllheim-Feldberg*

erlei zwei kleinere angeboten. Eine interessante Abwechslung zum üblichen deutschen Kuchenangebot in XL-Größe!

Außerdem: Schöne Teeauswahl. Neuerdings werden auch salzige Quiches und Scharwaie mit Butter angeboten.

✔ Aufmerksamer, freundlich-persönlicher Service. Im Sommer auch auf der sonnigen Terrasse im Steingarten, in der kälteren Jahreszeit drinnen am warmen Kachelofen.

Cafe Zweierlei (Andrea Wineberger)
Im Letten 23, 79379 Müllheim-Feldberg
Tel. 07631-704265, www.cafezweierlei.de
Öffnungszeiten: Freitag bis Sonntag 14-18 Uhr
Ferien im Januar und August
Mittlere Preise

Das Besondere	Wochenendcafé im Neubauviertel
Stil & Stimmung	Landhausstil
Draußensitzen	♠ ♠ ♠

Sonnendeck am Kurpark: *Kaffeehaus Siegle, Badenweiler*

37 Badenweiler | KAFFEEHAUS SIEGLE

Die Jugendstilvilla mit Tagescafé liegt unterhalb vom Kurpark und damit nicht weit von der Cassiopeia-Therme entfernt: Die nachträglichen Anbauten an der Jahrhundertwende-Villa (erbaut 1902) künden von den vergangenen Boomjahren des Thermalkurortes im letzten Jahrhundert. Nach diversen Besitzerwechseln dient die Villa heute als familiär geführtes Hotel garni. In den gepflegten, teils historisch möblierten Gesellschaftsräumen schwingt die schöne, alte Zeit des Bädertourismus noch ein wenig nach.

Die Räume im Parterre, darunter ein stimmungsvoll gestaltetes Kaminzimmer, gehören heute zum Tagescafé, hier erinnern historische Postkartenmotive und Fotografien an Badenweilers großbürgerliche Zeit vor dem Aufkommen von AOK und Ersatzkassen. Die großzügige Sonnenterrasse bietet Ausblick auf Römerberg, Weilertal und den Kurpark nebenan. Der richtige Platz, um einen Badenweiler-Ausflug mit einem nostalgischen Kaffeehausbesuch abzurunden.

Vier Stockwerke Erdbeersahne: *Kaffeehaus Siegle, Badenweiler*

Die Kuchen: Die täglich wechselnde Kuchen- und Tortenauswahl stammt von Hausfrauen-Bäckerinnen, die für das Kaffeehaus Siegle arbeiten. Ein Angebot mit Handschrift, das sich von normierter Konditorenware abhebt.

Neben Altbekanntem wie Käsekuchen, Schwarzwälder, Rhabarberkuchen werden auch ganz spezielle Rezepte und Vorlieben umgesetzt: etwa Feuerwehrkuchen mit Kirschen- und Nußstreusel, Himbeertiramisu. Wenn mit einer Konditorin mal wieder die Backleidenschaft durchgeht, kommen mitunter regelrechte Pretiosen heraus – fast zu schön zum Aufessen.

Außerdem: Mit Omas Waffeleisen wird auf Bestellung frisch gebacken.

Nostalgie liebevoll arrangiert, *Kaffeehaus Siegle, Badenweiler*

Hotel & Kaffeehaus Siegle (Martin und Sandra Bünz)
Römerstraße 4, 79410 Badenweiler
Tel. 07632-82240, www.hotelgarnisiegle.de
Öffnungszeiten: 14-18 Uhr
Faire Preise

Das Besondere	Jugendstilvilla am Kurpark
Stil & Stimmung	gepflegt-bürgerlich
Draußensitzen	♠ ♠ ♠

Eine Runde drehen: *Auf der „Kaffeemühle" im Kurpark Badenweiler*

▶ **Badenweiler – Als Badeort mit lebhaftem Tagestourismus bietet Badenweiler noch einige weitere Kaffeeadressen. Die folgende Auswahl kann und soll nicht vollständig sein, es ging mir vielmehr um Alternativen, die sich durch Lage oder Stimmung vom üblichen Angebot unterscheiden und nicht zur Kategorie «Tortur der Kurkonditorei» gehören:**

Café Gerwig. Vielbesucht in einer verkehrsberuhigten Fußgängerstraße. Geschützte Sonnenterrasse, gut zum Beobachten des langsam dahingleitenden Kurbetriebs. Drinnen passend bieder im Kurgaststil des letzten Jahrhunderts möbliert. Größere Kuchen- und Tortenauswahl, auch warme Gerichte. Luisenstr. 15, Tel. 07632-279, Öffnungszeiten tägl. 9-18 Uhr.

Café Kännle (Familie Behringer). Familiärer Hotelbetrieb mit angeschlossenem Tagescafé (Inhaber ist Konditormeister), Badstraße 16 (Richtung Schweighof). Tel. 07632-8217-0. Öffnungszeiten: Mo, Mi, Do, Fr, Sa 12-19 Uhr; Di 14-19 Uhr; So 12-18 Uhr.

Eine Scheune voll Stimmung: *Mondweide, Sehringen*

38 Badenweiler-Sehringen | MONDWEIDE

Die Mondweide ist ein besonderer Platz: Ein landwirtschaftliches Anwesen aus dem 18. Jahrhundert wurde mit Eigenleistung, viel Idealismus und einigem Materialverstand schlicht, aber stilvoll restauriert. Zum Gehöft gehört das kleine Wohnhaus der Eigentümer, die ausgebaute Café-Scheune und reichlich naturnaher Umschwung für eine geruhsame Landpartie mit Kaffee und Kuchen.

Gleich ob Dekoration drinnen, Bepflanzung draußen oder Stimmung im Ganzen – die Mondweide ist ein etwas anderes Café-Bistro. Mehr individuelles Einzelstück als erwartbare Ausflugsgastronomie. Sehr gemütlich im Winter, wenn drinnen das Kaminfeuer knistert, sehr sommerfrisch an einem heißen Tag, wenn die Tische draußen auf der Wiese stehen. Ein Platz mit einigem Charakter und ein paar Eigenheiten.

Sommerfrisch und blumig: *Mondweide, Sehringen*

Die Kuchen: Das Kuchenangebot schwankt zwischen 5 bis 6 verschiedenen Kuchen am Donnerstag und einer Auswahl von bis zu 8 Kuchen am Wochenende. Daneben gibt es immer Hefegebäck wie Nußschnecken und Gugelhupf im Wechsel. Ein Renner sind die Florentiner. Alles Gebäck und die Kuchen sind hausgemacht, sie sind geschmacklich gut und frisch. Auf die Verwendung qualitativ hochwertiger Produkte – teils bio – wird großen Wert gelegt.

✔ **Eine Spezialität** des Hauses ist die Schwarzwälder Mondweide, eine Variante der Schwarzwälder Kirschtorte: Auf einen Nuß-Schokoladen-Boden kommt ein Belag aus Kirschen, der erst bei Bestellung mit einer Schicht Sahne bekrönt wird.

Eine weitere Besonderheit ist die Zitronentarte auf Schokoboden.

✔ Ein verträumter Hinterhof-Garten, Wandermöglichkeiten vom Kuchenteller weg, eine menschenfreundliche Umge-

Terracotta und Kamin im Stallgebäude: *Mondweide*

bung – die Mondweide ist etwas für die naturnahe Auszeit.

Bio-Kaffeeangebot, umfangreiche Teekarte mit offenen Tees im Kännchen serviert, auch Ausgefalleneres, etwa ein Pfefferminztee, der aus frischer Minze gebrüht wird.

Außerdem: Das gute Eis kommt von regionalen Herstellern.

Sonntagsfrühstück (als Buffet ab 10 Uhr), aber auch à la carte.

✔ **Warme Gerichte, Suppen**: Das Speisenangebot der Mondweide wurde weiter ausgebaut, es gibt Standards wie Vesper und eine Käseauswahl vom Glocknerhof (Münstertal), aber auch Quiches, Suppen, laufend wechselnde warme Speisen und Salate; auf Vorbestellung auch Extras wie Gansessen, Käse- und Fleischfondue, sowie Walliser Raclette (beides nur abends, Oktober bis März, auf Voranmeldung).

Die Mondweide will kein austauschbarer, glatt-professioneller Gastrobetrieb sein. Das macht einerseits den Reiz des Ortes aus, erfordert aber, gerade dem Service gegen-

Alles frisch & handgemacht: *Mondweide, Sehringen*

über, mitunter auch Geduld. Insbesondere bei größerer Besucherzahl wartet man auch mal arg lange und die Bestellungen der Gäste kommen mitunter in frei interpretierter Reihenfolge zu Tisch.

Veranstaltungen: Die Mondweide-homepage informiert über saisonale Speisen sowie über kulturell-kulinarische Veranstaltungen, etwa Weinproben, Lesungen, Hausmusik: www.mondweide-cafe.de.

Café & Bistro Mondweide (Karl Müller-Bussdorf, Britta Klint)
Bürgelnweg 3, 79410 Badenweiler-Sehringen, Tel. 07632-82 44 45
Geöffnet: Do, Fr, Sa 14 bis 22 Uhr; So 10 bis 18 Uhr. Ab 2013 ein Ferienappartement
Mittlere bis gehobene Preise

Das Besondere	Café-Bistro im romantischen Grün
Stil & Stimmung	stimmig renoviertes Hofgebäude
Draußensitzen	♣ ♣ ♣

39 Schliengen | Schloßwirtschaft BÜRGELN

Hoch über der Rheinebene, am Saum zwischen Markgräflerland und Südschwarzwald liegt Schloß Bürgeln. Die Schloßwirtschaft mit der großzügigen Südwestterrasse bietet selten
weite Panoramablicke, bei gutem Wetter bis zu den Vogesen.
An sonnigen Wochenenden herrscht ebenso gewöhnlicher
wie starker Ausflugsbetrieb, auch mal mit größeren Wartezeiten. Besonders unter der Woche lohnt sich der fünf Minuten
kurze, aber steile Aufstieg zur Schloßwirtschaft.

Die Kuchen: Täglich 8 bis 10
verschiedene hausgemachte
Kuchen und Torten im Wechsel. Bodenständig, ohne Raf-
finesse, aber gut. Fruchtkerne
in der Himbeersahne oder
Kerne im Kirschkuchen dür-
fen nicht stören.

✔ **Eine regionale Spezialität**
ist der Hüsiger, ein flacher
Mürbeteigkuchen mit Nuß-
füllung (Rezept siehe S. 190).

Premiumpanorama, *Schloßwirtschaft Bürgeln, bei Schliengen*

Außerdem: Vesper- und Tagesangebote, überwiegend mit schlicht zubereiteten Gerichten (von 12 bis 14.30 Uhr und ab 17.30 Uhr). Größere Weinauswahl.

- Von der Terrasse führen ein paar Stufen zum Schloß hinauf. Führungen von März bis Oktober täglich 11, 14, 15, 16 und 17 Uhr, November bis Februar Führungen am Wochende, auch Führungen zu Sonderthemen.

Schloßwirtschaft Bürgeln (Familie Adam-Eglin)
Schloß Bürgeln 1, 4 km oberhalb 79418 Schliengen-Obereggenen
Tel. 07626-293, www.schloss-wirtschaft.de
Öffnungszeiten: Mo bis So ab 11 Uhr –
Betriebsschluß abhängig vom Betrieb, Do Ruhetag.
Moderate Preise

Das Besondere	sonnig-geschützte Panoramaterrasse
Stil & Stimmung	konventionell-bürgerlich
Draußensitzen	♠ ♠ ♠

Ein Innenhofidyll wie gemalt: *Café Inka, Ötlingen*

40 Weil-Ötlingen | INKA

Ein Ausflug nach Ötlingen lohnt sich allein schon wegen der einzigartigen Panoramalage des Ortes mit Blick auf Rheintal, Isteiner Klotz und Basel. Eine Runde auf dem Markgräfler Wii-Wegli in Richtung Lörrach-Tüllingen oder hinunter nach Haltingen bietet sich hier natürlich an. Die Rundwege am Tüllinger Berg erschließen ein einzigartiges Panorama auf das südwestlichste Stück Baden. Auch der Wegverlauf über Streuobstwiesen, Magerrasen, durch Reben und entlang idyllischer Kleingärten ist attraktiv – ein Paradiesgärtlein.

Zur Attraktion der Landschaft zwischen Ötlingen und Tüllingen paßt das Café Inka mit seinem klaren Qualitätskonzept, das auch nach dem Pächterwechsel 2012 konstant durchgehalten wird: Hervorragende Kuchen, Waien und kleine Speisen in einer stilvoll renovierten Liegenschaft, dazu ein Innenhofidyll wie gemalt. Ein Café als kulinarisches und ästhetisches Exempel.

Kompromisslos gut, *Obstwaien im Café Inka, Ötlingen*

Die Kuchen: Qualitativ hervorragende Auswahl an Kuchen und Torten, die tagesfrisch aus regionalen Produkten zubereitet werden. Frischmilch, Sahne und Butter kommen direkt vom Hof, auf Fertig- und Halbfertigprodukte, naturidentische Aromen, Backmischungen oder Konservierungsmittel wird verzichtet. Die Resultate sind kompromißlos gut, vom Tortenboden bis zur Garnitur.

Die cremige Schlagsahne, die auf Wunsch zum Kuchen gereicht wird, kommt direkt aus dem prall gefüllten Spritzsack.

✔ **Freundlich, aufmerksame Bedienung**. Zu beachten: im kleinen Caféraum drinnen wird es bei Hochbetrieb und bei entsprechend disponierten Gästen auch mal ziemlich laut und damit ziemlich anstrengend.

Lauschige Laube – *Café Inka, Ötlingen*

Tageskarte: Täglich wechselndes, seit 2012 nicht nur rein vegetarisches Tagesangebot mit ebenfalls hervorragenden Gemüse- oder Käsewaien, Suppen und Salaten, Burewürstli und Kartoffelsalat rundet das Angebot ab. Dazu gehört auch das feine Brot von der Streich Mühle im Kleinen Wiesental, das als Beilage oder als schlichtes Butterbrot gereicht wird.

✔ Kleines, gutes regionales Weinangebot.

Panoramatapete – *Café Inka, Ötlingen*

Die Ötlinger Tapete: Ein einzigartiges Tapeten-Panorama ziert die Wände des Caféraums. Die monumentale Inka-Tapete wurde von einem begüterten Vorbesitzer des Anwesens im Jahr 1819 bei der Pariser Manufaktur Dufour & Leroy in Auftrag gegeben (gefertigt mit mehr als 2000 hölzernen Druckstöcken und 83 Farben). Die Tapete wurde erst 1988 wiederentdeckt und dann aufwändig restauriert.

Café Inka (Andrea Brunner)
Dorfstraße 95, 79576 Weil-Ötlingen, Tel. 07621 / 65387
Öffnungszeiten: Di bis Sa 12 bis 18 Uhr; So, Mo Ruhetag.
Mittags besser reservieren.
Mittlere Preise

Das Besondere	Spitzenqualität
Stil & Stimmung	stimmig, ländlich
Draußensitzen	♠ ♠ ♠

Nusscreme hinter Gründerzeit-Fassade – *Villa Berberich*

41 Bad Säckingen | CAFÉ VILLA BERBERICH

Das Kurparkcafé liegt am Rande des Badmattenparks in einer gründerzeitlichen Villa, die 1874 im Stil der italienischen Neorenaissance erbaut wurde. Mit dem nostalgischen Interieur, den Textiltapeten, dem alten Mobiliar und den Bouquets aus Kunstblumen erinnert das Café an vergangene Zeiten – ein Gegenpol zur Coffee to go-Mentalität.

Von der Terrasse reicht der Blick auf den gepflegten Park mit dem kleinem Teich, einer Wasserfontäne und der altehrwürdiger Silberlinde – alles passend zum Ambiente einer Gründerzeitvilla. Die Brauerei-Sonnenschirme, das weiße Plastikmobiliar und die Plastikblumenkästen auf den Fensterbänken bilden hierzu freilich einen scharfen Kontrast – was würde wohl IGNAZ BERBERICH zu dem Mobiliar sagen? Er war der Erbauer der prächtigen Villa und der Gründer der «Weberei und Stoffdruckerei Berberich & Co».

Die Kuchen: Täglich über 10 Kuchen und Torten im Wechsel, am Wochenende sogar mehr. Darunter selbstverständlich Klassiker wie Schwarzwälder Kirschtorte und Frankfurter Kranz. Die Kuchen und Torten sind sehr fein, leichte Cremes und Sahnemousses füllen dünne Schichten feinsten Biskuits, und – nach eigenem Bekunden – wird alles ohne künstliche Hilfsmittel hergestellt.

Die Spezialität des Hauses ist die *Berberich-Kugel:* zwei mit französischer Nußcreme gefüllte Biskuitschalen, die in Rum getränkt, in Marzipan eingehüllt und mit Schokolade überzogen sind.

✔ **Confiserie** aus eigener Herstellung.

✔ **Kaffeeangebot:** Der Kaffee kommt aus einer soliden Schweizer Kaffeemaschine.

Unter den Café-Spezialitäten auch Klassiker wie Irish Coffee und Pharisäer.

Außerdem: Mittags werden - passend zum Kurbetrieb - zeitlose Klassiker wie Bouillon, Omelettes, Ragout fin und Toasts serviert.

✔ Zuvorkommende und routinierte Bedienungen, klassisch in schlichtem Schwarz-Weiß.

- Wechselnde Ausstellungen im angeschlossenen Kulturhaus im Erdgeschoß.

Café Villa Berberich (Helmut Contrael)
Parkstraße 1, 79713 Bad Säckingen. Tel. 07761 - 3966.
Öffnungszeiten: Täglich 11.30 - 18 Uhr, Dienstag RT.
Moderate Preise

Das Besondere	Kaffeehausatmosphäre
Stil & Stimmung	bürgerlich-nostalgisch
Draußensitzen	♣ ♣ ♣

Ein sommerfrisches Teestübchen – *Schloßpark-Café am Hochrhein*

42 Bad Säckingen | SCHLOSSPARK-CAFÉ

Das 1720 gebaute barocke Teehäuschen gehört zur Parkanlage von Schloss Schönau. Es liegt etwas versteckt unter alten Kastanienbäumen direkt am Rhein, nahe der Schiffslände. Hier auf der Terrasse sitzen, die Jogger entlang der Uferpromenade und den träge fließenden Fluß beobachten – die stille Freude am Hochrhein.

Zumindest unter der Woche, solange das Teehäuschen ein Ort der Ruhe bleibt. An Wochenden, wenn Ausflügler die alte gedeckte Holzbrücke besuchen, wird es auch mal lauter. Die Brücke – mit 203,7 Metern die längste Europas – verbindet Bad Säckingen mit dem Schweizer Ufer, allerdings nur für Fußgänger.

Im kleinen Schloßpark Café sitzt man stilvoll unter Deckenfresken des Tessiner Malers Francesco Antonio Giorgioli. Ohne Heizung kann das Teehäuschen leider nur im Sommer betrieben werden und auch dann nur bei schönem Wetter. Pretiosen gibt es eben nicht immer.

Schümli & Rheinblick – *Schloßpark-Café in Säckingen*

Die Kuchen: Die breite, recht gute Kuchenauswahl stammt von verschiedenen Konditoreien vor Ort.

Kaffee- und Teespezialitäten „aus aller Welt". Vom Schümli Kaffee über Ristretto, Correto und Wiener Melange zum Kännchen Kaffee entkoffeiniert. Ebenso Kaffeepunsch, Baileys und eine ganze Reihe anderer alkoholischer Variationen.

✔ Alles kommt stilvoll in moosgrünem Service auf den Tisch.

Schlosspark-Café (Herr und Frau Lohre), Schönaugasse 5, 79713 Bad Säckingen. Kein Telefonanschluss – bei unsicherem Wetter anrufen, geht also nicht. Wenn die Sonne lacht: Mo bis Fr 11 - 18.30 Uhr; Sa, Sonn- und Feiertag 10 - 18.30 Uhr. Mittlere Preise.

Das Besondere Sommercafé im Schlosspark am Rhein
Stil & Stimmung Apart und saisonal
Draußensitzen ♠ ♠ ♠

Ausgewiesenes Kuchenziel am Hochrhein, *Ratsstüble, Waldshut*

43 Waldshut | RATSSTÜBLE

Das Ratsstüble mitten in der Fußgängerzone von Waldshut, ein „traditionsreiches Haus, das auf eine 150-jährige Historie zurückblicken kann". Das Kaffeehaus gehört unter den gutbürgerlich-deutschen Cafés mit Sicherheit zu den empfehlenswerten (seit 2006 Mitglied im Circle de Qualité, einer Vereinigung führender Conditorei-Cafés). Unter den Gästen sind auch viele Schweizer, die die Kaffee- und Kuchenqualität würdigen.

Die Kuchen: Täglich ein sehr großes Angebot von 35 bis 40 verschiedenen Kuchen, Torten von guter bis sehr guter Qualität.

✔ Umfangreiches Pralinen-, Trüffel- und Schokoladensortiment, das auch als edles Präsent im Holzkistchen angeboten wird.

✔ Sehr gutes Kaffeeangebot im Schweizer Stil.

✔ Viele Sorten eigenes Conditoren-Eis.

Schöne Bescherung: *Im Ratsstüble, Waldshut*

Außerdem: Frühstück unter der Woche ab 7.30 Uhr (mit Sekt und Räucherlachs). Belegte Brötchen und Croissants, Suppen, kleine warme Gerichte, Salate. Wochenkarte mit täglich wechselnden Gerichten.

Kaffeehaus/Konditorei Ratsstüble (Silke und Jörg Holzbach)
Kaiserstraße 26, 79761 Waldshut
Tel. 07751-3580, www.cafe-ratsstueble.de
Öffnungszeiten: Mo - Sa 8.00 bis 18.30 Uhr; So 10.30 bis 18 Uhr.
Mittlere Preise

Das Besondere	sehr guter Kuchen, sehr guter Kaffee
Stil & Stimmung	bürgerlich
Draußensitzen	♠ ♠ ♠

salon
de
thé
à l'étage

Straßburger Traditionscafé – *Winter, Straßburg*

44 F-Straßburg | WINTER

Das Café Winter ist eine Straßburger Institution: Ein Traditionshaus auf zwei Stockwerken, 1932 gegründet, heute in der dritten Generation geführt.

Das Café in einem elsässischen Stadthaus aus dem 15. Jahrhundert liegt im Zentrum gegenüber dem Kaufhaus Lafayette. Der Platz ist allein schon wegen der Gästemischung besuchenswert – es kommen Geschäftsleute, Shoppingmüde und Touristen, darunter auch Stammgäste von jenseits des Rheins. Bemerkenswert auch die Damenkränzchen, die sich hier regelmäßig zum Tratsch treffen – auf Elsässisch. Oft herrscht Andrang, die Bedienungen – altgedientes, bewährtes Personal, das zum sozialen Inventar gehört – ist öfter in Eile, aber überwiegend freundlich. Zum Haus gehört ein internationales Sprachengemisch und ein entsprechender Geräuschpegel.

Pâtisserie & Confiserie: Neben klassischer Pâtisserie in hoher Qualität (Eclairs, Savarins, Opéras, Réligieuses, St. Honorés, Macarons, Mignardises) auch sehr gute Kuchen.

✔ **Zu empfehlen** ist etwa der Himbeerkuchen mit einem flachen Blätterteigboden und Sahne – eine angenehme Abwechslung zu den hoch gebauten deutschen Himbeerkuchen mit dem obligatorischen Biskuitboden. Ebenfalls empfehlenswert ist die *Tarte de pommes viennoise* (Apfelkuchen nach Wiener Art), die zwar üppig ausfällt, aber in der Komposition aus Äpfeln, Nüssen, Rosinen und Zimt sehr gelungen ist – mit einer Portion Schlagsahne (chantilly) ein fast schon barocker Genuß!

✔ Zu den Spezialitäten des Hauses gehören auch Kuchen- und Eiskreationen, die auf Vorbestellung nach eigenen Wünschen gestaltet werden können.

✔ Großes Dessert-, Kleingebäck- und Schokoladenangebot.

Außerdem: Täglich wechselnde Mittagskarte. Darunter ganz nette Kleinigkeiten wie Croque monsieur, Sandwichs briochés, Quiche Lorraine, Gemüsequiche etc..

Mit Liebe ausstaffiert: *Winter, Straßburg*

Mit Elsass-Devotionalien liebevoll ausstaffiertes Interieur, Holz-
regale ächzen unter alten Tellern, Tonbackformen, alten Blech-
schildern, putzigen Puppen. Dekorateure und Flohmarktfreunde
hätten hier ihre Freude.

Restaurant, Salon de thé Winter (Georges Winter)
25, rue du 22 novembre, F-67000 Strasbourg
Tel. 0033-3 88 32 85 40, www.patisserie-winter.com
Öffnungszeiten: Mo bis Sa 8-19 Uhr
Mittlere Preise

Das Besondere	filmreifer Traditionskuchentreff
Stil & Stimmung	rustikal
Draußensitzen	♠ ♠ ♠

Christian I, *Rue de l'Outre*

45 F-Straßburg | CHRISTIAN

Christian gibt es zweimal in Straßburg. Das Hauptgeschäft mit Fabrikationsstätte liegt im Gassengewirr der Altstadt, in der Rue de l'Outre, unweit der Place Kléber. Das zweite Geschäft an der Touristenrennstrecke Rue Mercière, gleich gegenüber dem Münster.

Beide Läden überraschen mit einem ungewöhnlichen Interieur, das wenig mit einem traditionellen Elsässer Salon de thé zu tun hat. Bei Christian wird gediegene Salonatmosphäre mit modernen Stilelementen kombiniert, dazu kommen mutige Farbkombination – etwa Violett und Goldtonpatina. Ein interessanter Mix aus „décors nobles et modernes".

Salon de Thé bei der Kathedrale: *Christian II, Rue Mercière*

Beide Häuser empfangen mit einer lockeren und entspannten Atmosphäre, die hierzulande übliche Schwellenangst gehobener kulinarischer Ziele ist in Frankreich ja ohnehin nicht so verbreitet. Es kommt typisches Großstadtpublikum, Gäste aller Klassen und Altersklassen, bei der Lage in der Rue Mercière natürlich auch viele Touristen, mehr oder auch minder elegant.

Neben dem ausgefallenen Ambiente besticht Christian durch Qualität. Das Angebot ist in beiden Geschäften gleich – was die Auswahl angeht, ist das Pâtisserieangebot jedoch bei Christan II in der Rue Mercière etwas kleiner. Dafür findet der Gast hier ein umfangreicheres Mittagsangebot, sicher eine Konzession an die touristische Lage.

Volles Programm: *Entremets, Charlottes, Mousetörtchen*

Pâtisserie & Confiserie:
Tagesfrische Pâtisserie, darunter ein breites Angebot an *viennoiseries* (franz. Frühstücksgebäck) wie Croissants, Brioches, Pains au chocolat, Kougelhopfs und dgl..

Ausgezeichnete Confiserie, wie *petits gâteaux* (franz. feines Gebäck) und *tartes*. Darunter *éclairs, milles feuilles* (eine mit Crème gefüllte Blätterteigschnitte) und *tartelettes aux fruits* (kleine Obsttört-chen). Ferner *tartes* (gebackene flache Obstkuchen).

✔ Besonders interessant ist die große Auswahl an Entremets, den süßen Kunststückchen: darunter kleine *charlottes*, Sahne- und Moussetörtchen – aus Sahne, Schokolade, Kaffee, Nüssen, Obst und anderem. Diese sind bei Christian nicht nur optisch sehr gelungen, sondern auch geschmacklich und von der Konsistenz her ein Genuß –

Christian, Straßburg

trotz der vergleichsweise hohen Preise.

✔ Hausgemacht und hervorragend: Pralinen, Tafelschokoladen, Marzipankreationen und Confitüren.

✔ Überzeugende Teeauswahl, breites Angebot an heißen Schokoladen, darunter auch hauseigene Kompositionen. Der Kaffee wird – wie traditionell in Frankreich – stärker geröstet und dadurch bitterer als bei uns.

Außerdem: Kleine Gerichte wie diverse quiches, croque monsieur (Schinken-Käse-Toast). Mittags in beiden Geschäften eine wöchentlich wechselnde Karte, größeres Angebot bei Christian II am Münster.

Die Bedienungen wirken sehr geschäftig, einige sind dabei auch noch freundlich.

Sauber aufgeräumt – *bei Christian in Straßburg*

Christian I – Pâtissier/Chocolatier/Glacier (Fam. Meyer)
12, rue de l'outre, F-67000 Strasbourg
Tel. 0033-3-88.32.04.41, www.christian.fr
Tägl. 7 bis 18.30 Uhr; So Ruhetag.

Christian II – Pâtissier/Chocolatier/Glacier (Fam. Meyer)
10, rue mercière, F-67000 Strasbourg
Tel. 0033-3-88.22.12.70, www.christian.fr
Täglich 7.30 bis 18 Uhr; So Ruhetag.

Wöchentlich wechselnde Mittagskarte von 11.30 bis 14.00 Uhr. Größere Auswahl bei Christian II (Salate, Geflügel- und Fischgerichte und Gemüse).

Die Preise für die Pâtisserie, Schokolade und Trüffel liegen im gehobenen Niveau. Das übrige Speisenangebot ist angesichts von Lage und Straßburgzuschlag eher moderat gepreist.

Das Besondere	kompromißlos gut
Stil & Stimmung	elegant
Draußensitzen	♠ ♠ ♠

46 F-Straßburg | AU FOND DU JARDIN

In Münsternähe, nur wenige Schritte vom Palais Rohan entfernt, liegt etwas versteckt eine liebenswerte Oase mit britischer Ambience.

Seit 12 Jahren betreiben Frédéric Robert und Laurent Renaud das kleine Lokal, ein viktorianisch geschmücktes Schatzkästlein mit Stoffdraperien, goldgerahmten Spiegeln, englischem Porzellan mit Rosendekor, alles opulent mit Blumen dekoriert. Im Hintergrund perlt klassische Musik von Debussy, Ravel oder auch mal eine Arie der Callas. Unter den Gästen war schon einige Prominenz, wie man an den Fotos an der Wand sehen kann.

   Laurent Renaud, gebürtiger Bretone, hat als Koch in namhaften Häusern gearbeitet, in seinem ‚atelier‘, der kleinen Küche *au fond du jardin,* kann er jetzt seinen kulinarischen Vorlieben nachgehen. Sein Partner Frédéric Robert stammt aus Avignon, er bedient und berät die Gäste und ist außerdem für das opulente Dekor zuständig. Mindestens vier Mal im Jahr wird der Salon komplett umdekoriert.

Gefühltes Aroma – *madeleines du voyage*

Die Pâtisserie: Spezialität des Hauses sind die *madeleines du voyage*, die bereits am Eingang in Glasvitrinen präsentiert werden. *Madeleines* sind muschelförmiges Kleingebäck aus Eiern, Zukker, Butter, Milch, Mehl und gemahlenen Mandeln. Das „ungeheure Glücksgefühl", das er bei seinem ersten Bissen einer in Tee getunkten Madeleine empfand, war für MARCEL PROUST Sinnbild für die verlorene Kindheit und Thema seines Romans «À la recherche du temps perdu», in dem er den Madeleines mehrere Seiten widmete.

Aber zurück zu den wirklichen Madeleines des *maison de goût:* Hier werden sie von Hand hergestellt – in mehr als 40 Geschmacksrichtungen! Sie tragen so malerische Namen wie *Casablanca* (frische Pistazien, Zimt und Gewürze), *Jardin à Marrakech* (frische Minze, Orangeblüte, Rose und Pistazie), *Un hiver en provence* (Orangenblüte, Datteln, Feigen, weißer Nougat, Mandeln und Orange) oder *January* (Amaretto, Bourbonvanille und ein Hauch Honig) – übrigens die Lieblingssorte von

Very britisch – *scones in Strasbourg*

Madame Sarkozy.

Außerdem wird täglich ein wechselnder *cake du jour* angeboten.

✔ Beides, sowohl die *madeleines* als auch der *cake du jour*, sind in der Textur und Geschmack hervorragend.

✔ Ebenso empfehlenswert sind die *scones*, ein britisches Teegebäck, das leicht geröstet mit *cream*, Himbeerkonfitüre und Lavendelhonig aus dem Luberon serviert wird.

Auf den ersten Blick gewöhnungsbedürftig vielleicht der verschwenderische Einsatz kräftiger Speisefarben beim Gebäck. Da schimmert es bronzefarben, rosa oder weiß, und mit Dekor aus kandierten Veilchen, getrockneten Damaszenerrosenblättern, knusprigen Kügelchen und Sternchen, Gold- und Silberpulver, gehackten und gehobelten Nüssen wird auch nicht gespart. Aber Monsieur Robert versichert, daß nur pflanzliche, natürliche Farbstoffe wie Basilikumpulver, Matchateepulver, Damaszenerrosenblätter und dgl. für die Akzentuierung des Kunsthandwerks verwendet werden.

Kaffee & Tee: Das Kaffeeangebot ist klein, dafür ist die Teeauswahl umso bemerkenswerter, was man schon an den vielen Teeboxen sieht, die sich auf dem Boden stapeln. Sie stammen von der bekannten Pariser Adresse *Maison de Thé Mariage Frères*. Alle Teesorten sind in der Teekarte ausführlich und in blumiger Sprache beschrieben und werden fachgerecht aufgebrüht.

Der Chef berät zuvorkommend und äußerst kompetent. Zum daran Riechen bringt er auch mal kurz die ganze Teedose an den Tisch.

Also Zeit mitbringen – es könnte länger gehen.

✔ Unaufdringlicher, äußerst aufmerksamer und kompetenter Service durch Frédéric Robert. Französischkenntnisse sind von Vorteil.

Es gibt nur wenige Plätze. Da das Lokal immer gut frequentiert ist, ist eine Reservierung sinnvoll.

✔ In der warmen Jahreszeit stehen ein paar hübsche Holzgarnituren und geflochtene Sessel am Eingang – natürlich mit Kissen bedeckt und mit Blumen bedacht.

Au fond du jardin (Frédéric Robert, Laurent Renaud)
6, rue de la râpe, F-67000 Strasbourg, Tel. 0033-3-88 24 50 06,
www.aufonddujardin.fr
Öffnungszeiten: Verkauf Mi bis Sa 10-13 Uhr, 14.30-18.45 Uhr,
So 11-18.45 Uhr. Tea Time Mi-Sa 14.30-18.45 Uhr, So 16.15-
18.45 Uhr; Brunch So ab 12.15 Uhr; Dîner Sa ab 20.15 Uhr.
Preise: hoch

Das Besondere	Paradies für Teetrinker & Traumtänzer
Stil & Stimmung	very British, very nice
Draußensitzen	♠ ♠ ♠

47 F-Straßburg | SALON DE THÉ GRAND'RUE

In der autofreien Einkaufsmeile Grand'Rue am Rande des Gerberviertels (Quartier des Tanneurs) liegt ein Salon de Thé mit besonderem, etwas gewöhnungsbedürftigem Ambiente: rot sind die Wände, Decke, Heizkörper und Dekoration – der ganze Salon wirkt wie in laute rote Farbe getaucht.

Plastikenten und Putten schweben durch den Raum. Ergänzt wird das Sammelsurium durch Spiegel, Bilder und Wandteller mit elsässer oder modernen Motiven. Bilder von Rudy Grossmann und Tomi Ungerer runden das Ganze. Der skurrile Salon mit dem opulentem Kuchenangebot ist immer eine Sünde wert – wer auf Diät ist, bekommt hier ein Problem.

Die Kuchen: Üppige Kuchentheke, die sich vom üblichen französischen Pâtisserieangebot abhebt – besonders geeignet für Freunde von Käsekuchen. Da gibt es Käsekuchen *natur (tarte au fromage blanc)*, Käsekuchen mit Himbeeren, Käsekuchen mit Schokolade, Käsekuchen mit Zimt und Käsekuchen mit Maronen.

Im Angebot sind außerdem Obstkuchen wie eine Zitronen-Schokoladen-Tarte, Apfelstreuselkuchen, Kirschstreuselkuchen, Tartes mit roten Beeren und Baiser, daneben eine kleine Auswahl an Torten *(biscuits fourrés)* in beeindruckender Höhe. Zum Beispiel die Maronen-Schokolade-Buttercreme-Torte oder die Zwei-Schokoladen-Buttercreme-Torte.

Für Freunde opulenten Backwerks sind die Hochhaustorten sicherlich ein Genuß, die aufgrund ihrer Cremefüllung eher mächtig, aber ge-

Nur mit Häubchen – *die mächtigen Obstkuchen im Salon de Thé*

schmacklich hervorragend ausjustiert sind und von einem sehr leichten, lockeren Biskuit getragen werden.

✔ **Das Besondere** – alle Kuchen werden grundsätzlich mit aufwändigem Beiwerk serviert: Der Käsekuchen kommt mit einer Soße aus roten Beeren *(coulis de fruits)* und einer üppigen Portion Sahne an den Tisch. Die Torten *(biscuits fourrés)*, die an sich schon gehaltvoll sind, werden auf einer *sauce vanille* serviert, begleitet von einer Portion *coulis de fruits* und gekrönt von einer großen

Meringe. Auch die Obsttartes müssen in Vanillesoße baden, begleitet von coulis und einer Meringe.

Man kann natürlich auch auf das Beiwerk verzichten. Der Preis bleibt allerdings derselbe.

✔ **Außerdem:** Größere Auswahl an Tees, die offen im Kännchen serviert werden.

Frühstück bis 11.30 Uhr. Zwischen 12 und 14 Uhr gibt es einen kleinen **Mittagstisch**.

✔ Der Service ist bemüht und meistert auch größeren Andrang souverän.

- Die Teestube ist – auch für französische Verhältnisse – sehr eng bestuhlt und bei Hochbetrieb kann es ungemütlich werden, besonders auf den Plätzen neben der Küche.

- Im Freien: Tische in der Fußgängerzone und an der Place des Meuniers nach hinten raus.

- Bunt gemischtes Publikum, darunter auch ältere Damen, natürlich auch Touristen, Pärchen jeder couleur und jeden Alters.

Salon de Thé Grand'Rue (Françis Meyer). 80, grand'rue, F-67000 Strasbourg. www.salondethegrandrue.fr (mit Rundum-Sicht auf die ganz Bescherung); Tel. 0033-(0)3-88.32.12.70, Öffnungszeiten: Mo bis Sa 8.45 - 18.45 Uhr. Während des Weihnachtsmarktes auch sonntags geöffnet.
Preise: für Kuchen und Torten ausgesprochen hoch.

Das Besondere	üppige Käsekuchentheke
Stil & Stimmung	ausgefallenes Ambiente
Draußensitzen	♠ ♠ ♠

F-Straßburg | AU PAIN DE MON GRAND-PÈRE

Die Bio-Bäckerei wurde 2002 von Patrick Dinel gegründet, einem ehemaligen Finanzvorstand einer französischen Luxusgütermarke.

Das Besondere: Abwechselnd im Angebot sind bis zu 60 Brotsorten. Darunter besonders feine und knusprige *baguettes en épis* (Baguettes in Ährenform), dann *pain paysan* (Bauernbrot) und andere Brotsorten, darunter auch ein ausgezeichnetes Roggenbrot *(seigle)*. Das Brot schmeckt nicht nur hervorragend, es hält auch gut eine Woche frisch.

Ebenfalls hervorragend die **Pâtisserie**, drunter natürlich *croissants, brioches* und *pains aux raisins* (Schneckennudeln), außerdem Früchtebrot, Kougelhopf und verschiedene Törtchen und Tartes.

Backen statt Aufbacken – *Au Pain de mon Grand-Père, Strasbourg*

Au Pain de mon Grand-Père (Patrick Dinel)
58, rue de la Krutenau, 67000 Strasbourg
Tel. 0033-3-88 36 59 66, www.aupaindemongrandpere.com
Öffnungszeiten: Di bis Sa 6.30 - 19 Uhr, So 6.30 Uhr - 14 Uhr!
RT: Mo.
Mittlere Preise

Filialen: 67200 Strasbourg-Cronenbourg, 215, route de Mittelhausbergen
68000 Colmar, 63, route de Rouffach.

■ Seit 2011 gibt es zusätzlich zu den Bäckereien noch ein kleines feines Restaurant: Le Bistrot du Boulanger. 42, rue de Zurich (gegenüber der Bäckerei im Krutenau-Viertel). RT: So-Abend, Mo. Mittlere Preise.

Wir können Flammkuchen: *Au Coucou des Bois, Straßburg*

49 F-Straßburg | AU COUCOU DES BOIS

Ein stattlicher Jahrhundertwende-Fachwerkbau in einem unspektakulären Straßburger Randgebiet. Am *Kuckuck* beeindruckt allein schon die Kapazität: Bewirtet wird in fünf Räumen auf zwei Etagen, es hat Platz für 250 Gäste. Serviert wird auch im Wintergarten, sommers natürlich im großen Innenhof. Und alles kommt heiß & fix bei Tisch – der Service agiert auffallend effizient! Wieder mal ein Beispiel, daß ein Laden brummt, wenn das Konzept rundum stimmt: Ein unkomplizierter Treff für Geschäftsleute, Familien und Gesellschaften, mittags und abends, darunter erstaunlich viele Stammgäste.

Die Flammkuchen: Der Kukkuck ist eine Adresse für den richtig guten Flammkuchen – es gibt 14 Sorten salzige Flammkuchen und 5 Sorten süße. Aber leider immer erst abends ab 18 Uhr.

14 salzige Sorten: *Au Coucou des Bois, Straßburg*

Außerdem: Die täglich wechselnden Plats du jour überzeugen in Geschmack und Preis (um 8 Euro), deshalb sind die Tagesangebote oft schon früh ausverkauft (Prinzip: es gibt, solange es gibt). Aber auch auf der kleinen Standardkarte finden sich immer noch interessante Alternativen.

Restaurant Au Coucou des Bois
44, allée David Goldschmidt, F-67100 Strasbourg. Unbedingt reservieren: Tel. 0033-3-88.39.76.19. www.lecoucoudesbois.com. Anfahrt: A5-Ausfahrt Offenburg, auf der L98 nach Frankreich, Richtung Neuhof/Strasbourg.
Öffnungszeiten: Kein RT, Sa-mittag geschlossen
Günstige bis mittlere Preise

Das Besondere	Flammkuchenmekka im Elsaß
Stil & Stimmung	rustikal
Draußensitzen	♠ ♠ ♠

Rustikal, historisch, lebhaft: *Wach, Sélestat*

49 F-Sélestat | Benoît WACH

Die Pâtisserie Wach liegt in einem historischen Gebäude in der sehenswert erhaltenen Altstadt von Sélestat. Am Dienstagvormittag findet hier auch der größte Straßenmarkt des Elsaß statt. Damit gäbe es gleich zwei gewichtige Gründe für einen Besuch in Sélestat!

Hinter der Fassade mit auffallenden Wandmalereien verbirgt sich einiges: Im Erdgeschoß vor einer markanten Spiegelwand die reich bestückte Ladentheke mit Kuchen und Pralinen; im ersten Stock das eigentliche Café, in Frankreich meist „Salon de Thé" genannt. Rustikal-bürgerliches Ambiente mit Balkendecken, viel Holz und einem Sammelsurium an Elsässer Küchenutensilien: Backformen, salzglasiertes Steinzeug, eingewecktes Obst ruht auf Holzregalen undsoweiter. Unschön wirken allerdings die dicken Glasplatten auf den Tischdecken, die wohl Tischtücher schonen sollen.

Vor dem Markt: *petit déjeuner chez Wach, Sélestat*

Pâtisserie & Confiserie: Kuchen von guter bis sehr guter Qualität. Ganz besonders zu empfehlen sind die gelungenen *Savarins* – serviert mit einem großzügigen Tuff frischer Sahne. Sehr fein auch die *Fôret noire,* die französische Variante der Schwarzwälder Kirschtorte.

✔ Feine Schokoladen, Pralinen und ausgezeichnete Eisbecher – alles aus eigener Herstellung.

Außerdem: Kleine Gerichte wie Quiche Lorraine, Pizza, Fleischpastete, Zwiebelkuchen, Salate.

✔ Aufmerksamer Service, freundliche Chefin.

Salon de Thé / Pâtissier / Chocolatier Benoît Wach
7, rue des chevaliers, F-67600 Sélestat, Tel. (0)33-388.92.12.80
Öffnungszeiten: Di bis So 7.30 - 19 Uhr
Mittlere Preise

Das Besondere	das gute Marktcafé
Stil & Stimmung	rustikal
Draußensitzen	♠ ♠ ♠

AOC-Kuchenstadel

50 F-Barr | J. OSTER

Alles so bunt hier: Wie manches Elsässer Dorf wirkt auch Barr wie eine üppig ausstaffierte Freiluftbühne. In der Klasse „romantisch-pittoreskes Fachwerkdorf" spielt das Örtchen jedenfalls oben mit. Und die satt dekorierte Pâtisserie mitten im Ortskern paßt zum Gesamtarrangement.

Das rustikale Interieur hat allerdings wenig mit einem deutschen Café gemein. Die Wandgemälde und die massiven Wandbänke erinnern vielmehr an eine derbe elsässische Wirtshausstube. Wer Kaffeehausatmosphäre sucht, ist hier fehl am Platz, wer einfach einen guten Kuchen essen möchte, findet selten eine bessere Gelegenheit dazu. Dafür lohnt sich auch mal ein Umweg – davor und danach unbedingt eine Runde durchs Städtle einplanen. Pferdedroschke ist möglich, muß aber nicht sein.

Elegante Tartes statt dicker Kuchen: *bei Oster in Barr*

Pâtisserie & Confiserie: Große Auswahl an tartes, also jenen flachen, gebackenen Obstkuchen, die elegante Pâtisserie von einem teutonischen Mastkuchen unterscheiden. Die Tartes gibt es mit und ohne Baiser; ferner Käsekuchen, Schokoladekuchen, Linzertorte, Bienenstich sowie ein üppiges Angebot an Entremets.

Zu den süßen Stückchen gehören Sahne- und Moussetörtchen, aber auch Tortenstücke. Außerdem werden auch petits gateaux angeboten, zum Beispiel éclairs, savarins (Punschringe, die einen großzügigen Sahnetuff erhalten) oder auch mille feuilles (mit einer Vanillecreme gefüllte Blätterteigschnitten).

Darüber hinaus gibt es eine große Auswahl an viennoiseries, also kaffeehaustauglichem Kleingebäck wie croissants, pains au chocolat, kougelhopf etc.

✔ **Das auffallend große Confiserieangebot** wird gleich im Eingangsbereich in einer gro-

Obsttartes *bei Oster in Barr*

ßen Pralinenvitrine präsentiert: *Nougat de Montélimar*, weißer Nougat aus Montélimar, einem Städtchen in der nördlichen Provence, wird in Form von kleinen Tortenstücken verkauft. Der Nougat besteht aus Wasser, Lavendelhonig, Eischnee, gerösteten Mandeln, Pistazien, Zucker und Glukosesirup.

Nur Nougat nach dieser Originalrezeptur darf das Gütesiegel «Appellation d'Origine Contrôlée» (AOC) tragen. Durch weitere Zutaten wie Kaffee, Schokolade oder kandierte Früchte entstehen dann die verschiedensten Varianten.

Bunter Kuchentempel, *Oster in Barr*

Pâtissier, Chocolatier, Salon de Thé J. Oster (Jacky Oster)
31, rue du collège, F-67140 Barr, Tel. 0033-3-88 08 92 49
Öffnungszeiten: Mo bis Fr 8 - 19 Uhr; Sa und So 8 - 18 Uhr.
Günstige bis mittlere Preise

Das Besondere	bunter Kuchentreff im romantischen Städtle
Stil & Stimmung	rustikal
Draußensitzen	♠ ♠ ♠

Hausfrauen backen anders als Profis

Hier möchte ich ansetzen

Badische Kuchen aus eigenem Ofen

Ich bin in Baden aufgewachsen und interessiere mich seit meiner Kindheit für alles rund ums Backen. Die Idee zu einem Backbuch mit typischen Kuchen unserer Region kam mir zum erstenmal, als ich vor einigen Jahren an einem Backwettbewerb der Badischen Zeitung teilgenommen habe und mein Zwetschgenkuchenrezept, das ebenfalls hier im Buch steht, neben zehn weiteren Rezepten ausgewählt und prämiert wurde. Seither besuche ich immer wieder Kurse und Seminare zum Thema Backen – bei ausgebildeten Konditoren, aber auch bei engagierten Laien, die sich für ein spezielles Kuchenthema besonders interessieren.

Dabei fiel mir auf, daß Profis oft nicht wissen, wie eine Hausfrau am eigenen Herd arbeitet. Die Backergebnisse der Rezepte in den Kursen waren zwar hervorragend, in der eigenen Küche sah es dagegen ganz anders aus. Genauso ging es vielen anderen Kursteilnehmern.

Zum Beispiel sind die Mengenangaben in Profirezepten für einen Privathaushalt immer zu groß; oder sie sind – etwa bei der Verwendung von Eiern (s.u.) – in einem normalen Haushalt wenig praktikabel. Zuweilen werden auch Produkte verwendet, die im Einzelhandel nicht erhältlich sind.

Ähnliche Probleme gibt es mit den Rezepten in manchen Backbüchern und Zeitschriften. Über Ungenauigkeiten, vor allem in Zeitschriften, habe ich mich oft geärgert: Mengenangaben sind vage oder richtig falsch, so daß beispielsweise schon die Kuchenbasis, etwa ein Knet- oder Hefeteig kaum gelingen wird. Hier möchte ich ansetzen:

Mit einer kleinen, erprobten und verläßlichen Rezeptesamm-
lung zum Thema Badische Kuchen möchte ich meine in 30 Jahren gesammelten und gereiften Erfahrungen an alle weitergeben,
die Lust am Backen haben. Alle Kuchen habe ich nach meinen
Rezepten, exakt wie angegeben, mehrmals gebacken. Im Mittelpunkt stehen daher auch keine gedrechselten Kreationen von
Hochwürden oder Starbäckerinnen, sondern Rezepte aus Baden,
die – bei aller Offenheit gegenüber anderen Anregungen – nicht
in Vergessenheit geraten sollten.

Neben badischen Kuchenklassikern wie Kirschplotzer, Zwie-
bel- oder Zwetschgenkuchen habe ich auch einige Rezepte in
mein Buch aufgenommen, die nicht so bekannt sein dürften,
zum Beispiel die Altenheimer Silbertorte, der Markgräfler Hüsiger oder die elegant-feinen Elsässer Obsttartes. Einige badische
Klassiker habe ich etwas aufpoliert oder verfeinert – wie beim
Rezept für meinen oben erwähnten prämierten Zwetschgenkuchen.

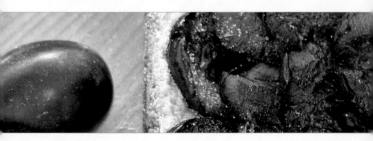

Ein selbst gebackener Kuchen ist immer etwas Besonderes: sein Duft schleicht durch das Heim, ein schöner Kuchen ist ein Bild. Backen bringt Freude und macht Freunde. In diesem Sinne wünsche ich Ihnen gutes Gelingen!

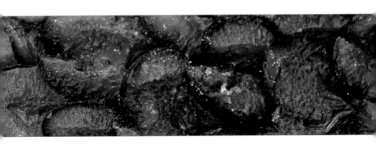

„Backe, backe Kuchen,
der Bäcker hat gerufen,
wer will guten Kuchen backen,
der muß haben sieben Sachen ..."

Wenn der Kuchen gelingen soll – ein paar Grundlagen:

▶ **Die Waage** – Beim Backen ist genaues Abwiegen ein absolutes Muß. Zufall schmeckt nun mal anders als Vorsatz: Wenn Mengen und Proportionen nicht stimmen, ist der Erfolg zufällig. Am besten ist natürlich die Verwendung einer guten Küchenwaage, die sowohl im Gramm- als auch im Kilobereich exakt wiegt. Hilfreich für das grammgenaue Abwiegen von kleinen Mengen, z. B. bei Gewürzen, kann auch eine kleine (elektronische) Briefwaage sein.

Für alle, die keine Möglichkeit haben, kleine Mengen grammgenau abzuwiegen, werden in den Rezepten die Mengen mit Eßlöffel (EL) bzw. Teelöffel (TL) und in Gramm angegeben.

Für die am häufigsten verwendeten Grundzutaten finden Sie auf der hinteren Umschlagklappe eine Umrechnungstabelle der ungenauen Maßangaben EL oder TL in Gramm.

▶ **Konische Backform.** Konisch bedeutet, daß die Form nach oben hin breiter wird. Die Angabe „Menge für eine konische Springform Ø 26/30 cm" oder einfach „Menge für eine Springoder Tarteform Ø 26/30 cm" heißt, daß die Zutatenmenge für eine Backform mit einem Bodendurchmesser von 26 cm und einem Durchmesser am oberen Formrand von 30 cm gedacht ist.

▶ **Mehl.** Bei allen Rezepten in diesem Buch wird – sofern nicht anders angegeben – *Weizenauszugsmehl vom Typ 405* verwendet, es hat die besten Eigenschaften zum Kuchenbacken. Weizenmehl Typ 505, mit geringfügig höherem Feststoffanteil, geht praktisch ebensogut, es liefert etwas dunkleren Teig. (Vgl. S. 148)

▶ **Die Größe der Eier** spielt ebenfalls eine wichtige Rolle. In Backrezepten ist gewöhnlich nur die Anzahl der Eier angegeben, die verwendet werden sollen. Profis tun dies nie, denn es wäre zu ungenau. Es gibt Eier der unterschiedlichsten Größe: vom winzigen Ei, das – laut EU-Gewichtsklasseneinteilung von 1996

– unter 53 g wiegt [Klein = Klasse S] bis hin zum Riesen-Ei mit 73 g Gewicht und mehr [Sehr groß = Klasse XL]. Daß diese Unterschiede auf die Teigbeschaffenheit Einfluß haben, versteht sich von selbst. In Profirezepten geht es daher stets um soundsoviel Gramm Eigelb oder Eiweiß oder um grammgenaue Angaben von Vollei, d. h. Eigelb und Eiweiß zusammengenommen. Das ist in einem normalen Haushalt wohl nicht praktikabel, denn welche Hausfrau trennt schon Eier, um dann Eigelb und Eiweiß getrennt abzuwiegen?

Falls nicht anders angegeben, habe ich daher in allen meinen Rezepten immer Eier der Größe M (Mittel) verwendet, deren Gewicht zwischen 53 und 63 Gramm liegt.

▶ **Der Herd.** Auch hier sollten Sie pedantisch sein, um sichere Ergebnisse zu erzielen. Ich habe in einem Elektroherd mit konventioneller Beheizung, das bedeutet nur mit *Ober- und Unterhitze*, gebacken. Falls Sie mit *Umluft* backen, benötigen Sie etwa 10 bis 20 Prozent weniger Hitze als im konventionell beheizten Ofen. Damit Ihre Arbeit gelingt, beachten Sie bitte in diesem Zusammenhang auch die Angaben des Herstellers Ihres Ofens. Da nicht alle Haushaltsherde gleich arbeiten (und nicht alle Temperaturregler stimmen), muß man die Bedingungen seines Herdes individuell berücksichtigen. Handwerk ohne Erfahrung geht nicht, das heißt auch: man muß sich an das, an sein Optimum *heranbacken*. Daher die *Von-bis-Angaben* bei der Backzeit.

Bei *Rührkuchen* (z.B. dem Rotweinkuchen) empfiehlt sich, gegen Ende der vorgesehenen Backzeit immer eine *Stäbchenprobe* zu machen. Der Kuchen ist gar, wenn ein dünnes Holzstäbchen, etwa ein Schaschlikspieß, der in die höchste Kuchenstelle senkrecht bis zum Formboden durchgestochen wird, wieder aus dem Kuchen gezogen werden kann, ohne daß Teig daran kleben bleibt. Sollte das nicht der Fall sein, braucht der Kuchen noch einige Minuten.

▶ **Altar aufbauen:** Erst wenn alles bereit steht, soll die Messe beginnen (fachfranzösisch: MISE EN PLACE). Deshalb das Rezept *vor* Backbeginn genau durchlesen und alle möglichst schon *abgewogenen* Zutaten bereit stellen – mit Ausnahme jener Zutaten natürlich, die kalt verarbeitet werden sollen (etwa kalte Butter für die Herstellung eines Mürbeteigs).

So hat man den Überblick und alles sofort zur Hand, wenn es in einem Arbeitsgang einmal schnell gehen muß. Aus diesem Grunde habe ich auch die Zutaten in den Rezepten in der Reihenfolge aufgeführt, in der sie verarbeitet werden.

▶ **Du darfst** – Bis auf wenige Ausnahmen ist es grundsätzlich möglich, die Fett- und vor allem auch die Zuckermenge in den Rezepten zu reduzieren. Aber auch nur bis zu einem bestimmten Punkt. Zucker und Fett sind ein Geschmacksträger, das weiß jeder Koch.

Beim Teig, etwa beim klassischen *Mürbeteig,* der aus Mehl, Zucker, Butter und Ei besteht, kommt noch dazu, daß er um so trockener wird, je weniger Fett man nimmt. Generell würde ich sagen, daß der Fettanteil im Mürbeteig ohne weiteres um 20 % reduziert werden kann, beim Zuckeranteil sogar um mehr, ohne daß sich die Teigkonsistenz ungünstig verändert.

Beim *Rührteig* empfehle ich, die angegebene Fettmenge nicht zu verändern. Die richtige Teigkonsistenz ist maßgeblich vom Mengenverhältnis zwischen Fett, Eiern und Mehl bestimmt. Die Zuckermenge kann dagegen ohne größere Veränderung der Teigkonsistenz verringert werden.

Beim *Käsekuchen* kann der 40 %ige Sahnequark ohne weiteres durch weniger fetten Quark ersetzt werden. Aber auch hier rate ich zu einem Kompromiß, der nicht zugunsten eines geringeren Fettgehalts zu weniger Geschmack führt.

Aber nicht beim *Baiser*: Klassischerweise rechnet man auf das Eiweiß eines Eis (Größe M) 50 Gramm Zucker. Von den verschiedenen Backmöglichkeiten eines Baisers einmal abgesehen, läßt sich allgemein sagen: Je stärker der Zuckeranteil verringert wird, desto weicher wird die Baisermasse oder umgekehrt: Je mehr Zucker, desto knuspriger das Baiser.

Zeitgemäß seit 700 Jahren: *Adlermühle in Bahlingen*

Mehl und Mühle

von Wolfgang Abel

Kein ernst zu nehmender Koch wird an Speisen und Saucen, die er mit Aufwand zubereitet, einfach irgendeinen billigen Kochwein kippen. Wein ist nicht gleich Wein und Mehl ist nicht gleich Mehl. Am Wichtigsten: Die unerheblich höheren Kosten für ein Spitzenmehl von etwa 25 Cent je Kilo werden durch eindeutig bessere Backergebnisse mehr als belohnt. Es klingt vielleicht etwas übertrieben, wer aber nur einmal mit Mehl aus einer guten Mühle gebacken hat, wird nie mehr zu irgendeinem Allerweltsmehl aus dem Supermarkt greifen. Wer zum ersten Mahl mit einem Spitzenmehl bäckt, hat mitunter regelrechte Aha-Erlebnisse: „So etwas habe ich noch nie in den Fingern gehabt."

Jedes Mehl, auch das reine Weizenauszugsmehl der Type 405 besteht aus einer Mischung von mehreren, aufeinander abgestimmten Weizensorten. Die Cuvée der Sorten mit ihrem unterschiedlichen Stärke- und Klebergehalt, mit besonderen Mahl- und Backeigenschaften ist unerläßlich, um konstante Bakkergebnisse zu ermöglichen. Außerdem gibt es bereits beim Einkauf des Getreides erhebliche Qualitätsunterschiede. Welchen Feuchtegehalt hatte das Getreide bei der Ernte, wie waren die Böden, war der Reifegrad optimal oder war es gar eine Noternte, Fäulnis, Pilze etc. Wie schnell und wie intensiv wurde das Korn ausgemahlen, auf welchen Maschinen?

Gutes Mehl ist das Resultat einer vielgliedrigen Prozeßkette, zunächst biologisch beim Landwirt, dann mechanisch beim Müller. Prozesse lassen sich steuern, in Richtung viel und billig, oder optimal und nicht ganz so billig. Es gibt Mühlen, die mahlen das Korn bis aufs Letzte aus, andere lassen viel übrig. Allein der Ausschuß an Kleie kann zwischen 5 und 20 % liegen, Qualität kann eben somit billig sein. Der selbstbewußte Müller sagt: „Je teurer das Mehl, desto besser." Ein paar Cent mehr für ein Kilo bestes Mehl spielen beim Backen aber wirklich keine Rolle. Es gibt also nur ein Fazit:

- Kaufen Sie nicht irgendwo, sondern besorgen Sie Ihr Mehl bei einem Spitzenproduzenten und genießen Sie den Mehrwert! Kaufen Sie an der Quelle, bei einer selbstbewußten Mühle, die ihr Handwerk achtet.

- Gutes Mehl duftet angenehm und frisch beim Öffnen der Tüte, es fühlt sich griffig, samtig an – es ist gut rieselfähig. Der Müller sagt dazu: „Gutes Mehl muß grad' so zwischen den Fingern rausfließen".

- Die Arbeit mit einem optimalen, also „zähelastischen" Teig macht mehr Freude. Das Genießen der Ergebnisse sowieso. Überlassen Sie Massenware den Massenbäckern.

- Mehl sollte kühl, trocken und geschmacksneutral lagern, denn es nimmt leicht den Geschmack von anderen Lebensmitteln an. Die Lagerzeit reicht bis zu einem Jahr, nach drei Monaten läßt die Qualität langsam nach.

- Der Einkauf direkt ab Mühle wird belohnt. Wenn es eine so schöne Mühle wie die *Adlermühle* in Bahlingen am Kaiserstuhl ist, dann beginnt die sinnliche Freude am Backen schon beim

Kulinarische Grundlagenarbeit: *Linus Spiegelhalder, Adlermühle*

Kauf des Mehls: stimmungsvolle Mühle, gut sortierter Mühlenladen, erstklassiges Mehl ohne Zusatzmittel, Mehlbehandlungs-
stoffe und Konservierungsmittel (diverse Mischungen auch zum
Brotbacken), kundige Beratung. Eine zeitgemäße Mühle seit
700 Jahren und mit Linus Spiegelhalder und Dr. Hubert Gilly
zwei selbstbewußte Müller, die so schlicht wie zutreffend sagen:
„Wer einmal bei uns gekauft hat, kommt wieder." Alles weitere,
nützliche Informationen zu Mehltypen, Backeigenschaften etc.
finden Sie auf der homepage der Adlermühle (vgl. unten).

Adlermühle Bahlingen (am Kaiserstuhl), Eichstetter Straße 3, 79353
Bahlingen. Tel. 07663-91 47 77.
Öffnungszeiten: Mühlenladen von Mo bis Fr 8.30-12.30/14.00-19.00
Uhr, Sa 8.30-13 Uhr. Info und Versand: www.adler-muehle.de. Markt-
stände in: Kirchzarten (Fr) und Freiburg-Stühlinger (Sa).

- Wer sich informieren möchte, was man heute mit dem Mehl so alles
anstellen kann: www.muehlenchemie.de

150

Gutselemaschine, *Süßes Löchle, Lahr*

Backstubenmuseum im Café SÜSSES LÖCHLE, Lahr

Das 1898 gegründetes Traditionscafé mitten in Lahr wurde als einziges Café in Baden-Württemberg 2005 unter Denkmalschutz gestellt. Die Inneneinrichtung blieb – nach der einzigen Renovierung des Cafés im Jahr 1921 im damals üblichen Art Déco-Stil – bis heute weitgehend erhalten. Das eigentlich Interessante daran ist die Backstube im Hinterhaus, die heute als Museum zu besichtigen ist. Der eingemauerte Backofen stammt noch aus der Zeit der Jahrhundertwende. Auch die weiteren noch erhaltenen Backutensilien wie gußeiserne Osterhasen- und Nikolausformen, alte Lebensmittelfarbdöschen, eine mit Lederkeilriemen betriebene Rührmaschine, ein wassergekühlter Pralinentisch und eine alte, mit einer Handkurbel zu bedienende Gutselemaschine [Gutsele = badisch für Bonbons] zeigen die Back- und Kaffee-Kultur einer badischen Kleinstadt vor dem Zweiten Weltkrieg.

Café Süsses Löchle, Friedrichstraße 14, 77933 Lahr. Die Backstube ist nach Absprache mit Herrn Hannes Gueth (Tel. 07821-271086) oder Herrn Friedrich Scheid (Tel. 07821-22745) zu besichtigen.
www.suesses-loechle.de

Meine 36 besten Kuchenrezepte

Schwierigkeit: leicht – **mittel** – anspruchsvoll

Zeitaufwand ohne Wartezeiten, Kochen, Backen: **1 Stunde**

Der Aufwand in der Herstellung reicht vom anfängerfreundlichen Einstiegsrezept (Traubenkuchen vgl. S. 276, Erdbeertarte, S. 189) bis zu den aufwändigeren Kuchen (Schwarzwälder Kirschtorte, vgl. S. 262). Alle meine Rezepte sind aber garantiert von jeder Hobbybäckerin oder jedem Hobbybäcker umzusetzen, auch mit wenig Backerfahrung. Die Schritt-für-Schritt-Beschreibung folgt dabei exakt dem Arbeitsablauf.

1   Altenheimer Silbertorte

Schwierigkeit: leicht – **mittel*** – anspruchsvoll

Zeitaufwand ohne Wartezeiten, Kochen, Backen: **50 Min.**

▶ In der Gegend um Altenheim gehört die Silbertorte zu den beliebtesten Rührkuchen – und man findet sie ausschließlich hier. Auch «Hochzeitskuchen» genannt, fehlt sie auf keiner Kuchentafel bei Hochzeiten, genausowenig bei Taufen, an Ostern und anderen religiösen Festtagen.

* gelingt sicher, wenn man sich genau an die Backanleitung hält!
Siehe auch Seite 142.

Zum Ursprung der Silbertorte wird immer die Geschichte von den reichen Protestanten erzählt, die mit der Silbertorte bei armen Katholiken angeben wollten: «Mit dem Eiweiß backen wir Kuchen, den Rest schmeißen wir weg». Vermutlich ist ihre Entstehung jedoch einer Form der Resteverwertung zu verdanken, nämlich als Verwertungsmöglichkeit von größeren Mengen von Eiweiß, die bei der Herstellung von Soßen, Kuchen und Eierlikör anfielen.

Menge für eine konische Springform Ø 26/30 cm

400 g Eiweiß = Eiweißmenge
von 10-14 Eiern der Größe M
1 Prise Salz
500 g Zucker, fein
150 g Mehl, Type 405
150 g Kartoffelmehl
250 g Butter
2 EL Mandelplättchen (20 g)

Nach Belieben Puderzucker
zum Bestreuen

Außerdem
Backpapier für den Boden der
Form
Butter für den Rand der Form

✔ Seltsamerweise schmeckt
man die Süße kaum heraus,
obwohl der Kuchen sehr viel
Zucker enthält.

Zubereitung

- Die Butter bei sehr mäßiger Hitze in einem Töpfchen flüssig werden lassen.

- ▶ **Achtung:** Die Butter muß noch flüssig, aber schon völlig! abgekühlt sein (Zimmertemperatur), wenn sie in den Teig gerührt wird.

- Das Eiweiß mit der Prise Salz in der Küchenmaschine auf höchster Stufe anschlagen. Sobald der Eischnee halbsteif ist, den Zucker einrieseln lassen und 15 Minuten weiterschlagen. Das lange Rühren ist für ein gutes Ergebnis unbedingt erforderlich.

- Das Mehl und die Kartoffelstärke mischen und sieben.

- Den Backofen auf 160 °C vorheizen, den Rost auf der untersten Schiene einschieben.

- Den Boden der Springform mit einem Bogen Backtrennpapier bespannen. Dazu den Formboden mit dem Backpapier belegen und dann in den Ring einspannen, die Form schließen und das überstehende Papier großzügig abschneiden. Den Rand der Form mit Butter einfetten.

- Die Küchenmaschine auf niedrigster Stufe laufen lassen und eßlöffelweise die Mehlmischung darunterrühren.

- Die flüssige, aber keinenfalls warme Butter in einem dünnen Strahl in die Masse laufen lassen und weiterrühren.

- ✔ **Alternativ**: Die Mehlmischung esslöffelweise von Hand mit einem großen Schneebesen unterrühren, danach die Butter in dünnem Strahl zugeben und ebenfalls mit dem Schneebesen unterheben. Nicht länger als nötig rühren.

- Den Teig sofort in die vorbereitete Form füllen, die Mandelplättchen darüber streuen und in den Ofen schieben.

- 50 bis 60 Minuten backen, aus dem Ofen holen und nach 10 Minuten Ruhezeit aus der Form nehmen und auf einem Kuchengitter vollständig abkühlen lassen.

- Vor dem Servieren das Backpapier am Boden entfernen und nach Belieben leicht mit Puderzucker bestäuben.

▶ **Tipp**: Für die Altenheimer Spezialität ist sehr viel Eiweiß notwendig, deshalb ist es praktisch, rechtzeitig mit dem Sammeln anzufangen: beim Zubereiten von Spätzle, Pfannkuchen oder Mürbeteigen verwenden Sie nur das Eigelb und frieren das Eiweiß ein. Wer die Möglichkeit hat, im Gastrogroßhandel (ProHoGa, Metro) gibt es Konditor-Eiweiß aus dem Tetrapack, sicher nicht jederfrau Sache, aber praktisch. Falls nicht gleich alles verwendet wird, kann das restliche Eiweiß eingefroren werden.

✔ **Haltbar?** Die Silbertorte ist saftig und lange haltbar – bis zu zehn Tagen. Außerdem läßt sie sich auch gut einfrieren.

✔ **Schwierig?** Es wird immer wieder behauptet, die Silbertorte sei nicht einfach zu backen und würde oft speckig aus dem Ofen kommen. Dabei ist es ganz einfach, dies zu vermeiden: Erstens ist langes Rühren der Eiweiß-Zucker-Masse ganz wichtig für die Stabilität und zweitens muß die Butter ganz abgekühlt sein, bevor sie eingerührt wird. Befolgt man diese beiden Punkte, kann nichts schiefgehen.

2   Badischer Apfelkuchen

Schwierigkeit: leicht – mittel – anspruchsvoll

Zeitaufwand ohne Wartezeiten, Kochen, Backen: **1 Stunde**

▶ **Aromatische, säuerliche Apfelsorten**, die beim Backen weich werden, eignen sich besonders gut zum Backen. Idealerweise gehört auf einen Badischen Apfelkuchen eine Lokalsorte, etwa Jakob Lebel oder der Spitzenapfel Berlepsch. Gut geeignet zum Backen sind auch: Boskoop, Elstar, Cox Orange oder Idared. Manche Apfelsorten, etwa der Boskoop, werden nach dem Schälen relativ schnell braun. Ein kurzes Eintauchen in eine Schale klares kaltes Wasser mit etwas Zitronensaft verhindert das Braunwerden.

Menge für eine konische Springform Ø 26/30 cm

Mürbeteig
160 g Mehl, gesiebt
80 g Mandeln, gehäutet (abgezogen), in der Pfanne leicht
geröstet und gemahlen
160 g Butter, kalt und in Würfel
geschnitten
80 g Zucker
1 Prise Salz
1 Ei

Füllung
5 große oder 7 kleinere Äpfel
(z.B. Boskoop), ca. 1200 g
1 gestrichener TL gemahlener
Zimt (2,5 g)

50 g Mandeln, abgezogen, in
der Pfanne leicht geröstet und
gehackt

Rahmguß
2 Eier
150 g Zucker
1 Vanilleschote (das ausgekratzte Mark).
1 Prise Salz
50 g Vanille-Puddingpulver (das
ist etwas mehr als 1 Päckchen)
250 g Sahne

Außerdem
Mehl zum Arbeiten
Butter für die Form

Zubereitung

- Die Zutaten für den Mürbeteig (vgl. vorige Seite) rasch mit möglichst kalten Händen zusammenkneten. Den Teig in Folie verpackt
  2 Stunden kühl stellen. Die Form fetten.

- In der Zwischenzeit die Äpfel schälen, erst in Viertel und dann in
  schmale (nicht mehr als 3 mm) Scheibchen schneiden.

▶ **Wichtig:** Die Dicke der Scheibchen bestimmt das Mundgefühl
  des Kuchens.

- Den Backofen auf 200 °C vorheizen, den Rost auf der zweiten
  Schiene von unten einschieben.

- Anschließend den Teig circa 4 mm dick ausrollen und die Springform damit auslegen. Falls sich der Teig schlecht ausrollen läßt,
  mit der flachen Hand in die Form drücken, dabei einen 3 cm
  hohen Rand formen. Den Boden mit einer Gabel stippen.

- Etwa 2/3 der Apfelspalten gleichmäßig auf dem Mürbeteigboden verteilen.

- Den Zimt und die gehackten Mandeln mischen und über die Apfelspalten streuen. Die restlichen Apfelspalten dachziegelartig oben auflegen.

- Für den Guß die Eier, den Zucker, das Mark der Vanilleschote und die Prise Salz eine Minute lang aufschlagen. Dann das Puddingpulver und die flüssige Sahne unterrühren und alles über die Äpfel gießen.

- Den Kuchen insgesamt 45 bis 50 Minuten backen. Nach 20 Minuten Backzeit kontrollieren und, je nach Bräunungsgrad, den Kuchen (mit Alufolie) abdecken und fertig backen.

3　Gedeckter Apfelkuchen

Schwierigkeit: leicht* – mittel – anspruchsvoll

Zeitaufwand ohne Wartezeiten, Kochen, Backen: **1 ½ Stunden**

Menge für eine Springform Ø 26 cm

Mürbeteig
350 g Weizenmehl, Type 405, gesiebt
100 g Zucker
1 Päckchen Vanillezucker (8 g)
1 Prise Salz
175 g Butter, kalt und in kleine Würfel geschnitten
1 Ei
1 Eigelb
etwas Schalenabrieb einer unbehandelten Zitrone

Apfelfülle
1000 g Äpfel: Boskoop, Cox Orange, Elstar o.ä.
Saft von ½ kleinen Zitrone
20 g Butter
75 g Zucker
1 gestr. TL Zimt (2 g)
20 ml Rum
optional: 50 g Rosinen - diese am Vortag in den Rum einlegen

Nusscreme

100 g Wal- oder Haselnüsse, gemahlen
50 g Zucker
1 Ei

Eistreiche

1 Eigelb
1 EL Milch
1 Prise Zucker
1 winzige Prise Salz

Außerdem

Mehl zum Arbeiten
Butter für die Form

Eventuell einen Bogen Backpapier und einen Bogen Alufolie

Zubereitung

-   Die Zutaten für den Mürbeteig rasch mit möglichst kalten Händen zusammenkneten, eine Kugel formen und diese in Frischhaltefolie oder einen Gefrierbeutel verpackt für 2 Stunden in den Kühlschrank legen. Die Form fetten.
-   Für die Apfelfülle in der Zwischenzeit die Äpfel schälen, den Stiel-, den Blütenansatz und das Kerngehäuse entfernen. Die Äpfel zunächst in Achtel, dann die Achtel in ganz feine Scheiben schneiden. Die Apfelscheibchen in einer großen Schüssel sofort mit dem Zitronensaft vermischen.
-   Die Butter in einem Töpfchen bei milder Hitze zergehen lassen. Zucker und Zimt mischen und über die Apfelscheiben geben. Die Rumrosinen bzw. nur den Rum und die flüssige Butter ebenfalls über die Apfelscheibchen gießen. Alle Zutaten mit den Händen gut vermischen. Beiseite stellen.
-   Für die Nusscreme die gemahlenen Wal- oder Haselnüsse mit dem Zucker und dem Ei verrühren.
-   Den Backofen auf 180°C vorheizen, den Rost auf der untersten Schiene einschieben.

- ¾ des Mürbeteigs auf der leicht bemehlten Arbeitsfläche ganz dünn ausrollen und die Kuchenform damit auskleiden. Dabei einen Rand von gut 4 cm Höhe formen. Den Boden mit einer Gabel stippen.
- Die Nusscreme in Häufchen auf dem Mürbeteigboden verteilen, dann mit dem Rücken eines Esslöffels oder mit einer Teigkarte gleichmäßig verstreichen. Jetzt die Apfelscheiben ohne die Flüssigkeit, die sich am Schüsselboden gesammelt hat, gleichmäßig darüber verteilen.
- Den Mürbeteigrand mit einem kleinen Messer vom Formrand lösen und circa ½ cm nach innen klappen.
- Den restlichen Teig auf Größe der Springform ausrollen (siehe Tipp) und den Kuchen damit abdecken.
- Aus den ausgerollten Teigresten kleine Motive ausstechen.
- Für die Eistreiche Eigelb, Milch, Zucker und Salz verquirlen und die Kuchenoberfläche damit bepinseln. Die ausgestochenen Teigmotive dekorativ auflegen und diese ebenfalls mit Eistreiche überziehen.

Alternativ:

Wem es zu viel Mühe macht, aus den Teigresten noch Plätzchen für die Deko auszustechen, kann auch einfach mit einer Gabel ein Muster in die Teigplatte ritzen. Dann die Eistreiche aufpinseln.

- Den Kuchen 50 bis 60 Minuten backen. Eventuell die letzten 10 Minuten mit einem Bogen Alufolie abdecken.
- Nach Ende der Backzeit den Kuchen noch 10 Minuten in der Form stehen lassen, dann vorsichtig den Rand entfernen. Sobald der Kuchen einigermaßen stabil geworden ist, den Boden der Form entfernen und den Kuchen auf einem Kuchengitter vollständig auskühlen lassen.

Achtung: Der Boden, der Rand und der Teigdeckel müssen so dünn wie möglich ausgerollt werden. Sonst stimmt das Mengenverhältnis zwischen Apfelfüllung und Mürbeteig nicht.

✔ **Tipp:** Den restlichen Teig für den Teigdeckel auf einem Bogen Backpapier ausrollen. Dann mit der – bereits gefüllten – Springform den Teigdeckel „ausstechen", die Markierung mit einem Messer nachfahren und die überstehenden Teigreste entfernen. Den Backpapierbogen mit der ausgestochenen Teigplatte hochnehmen und über der Form vorsichtig umdrehen. So kann die Teigplatte genau an die richtige Stelle platziert werden. Den Backpapierbogen vorsichtig vom Teigdeckel ablösen – u. U. mit Hilfe eines langen Messers – und die Teigplatte am eingestülpten Mürbteigrand leicht andrücken.

4   Bauernrahmkuchen

Schwierigkeit: leicht – mittel – anspruchsvoll

Zeitaufwand ohne Wartezeiten, Kochen, Backen: **40 Min.**

Menge für eine konische Springform Ø 26/30 cm

Mürbeteig
220 g Mehl, Type 405, gesiebt
80 g Zucker
1 Päckchen Vanillezucker (8 g)
1 Prise Salz
120 g Butter, kalt und in kleine Würfel zerteilt
1 Ei (M)
eine große Messerspitze Schalenabrieb einer unbehandelten Zitrone

Belag
3 Eier (M), getrennt
1 Prise Salz
150 g Zucker

200 g Sahne (1 Becher), zum Steifschlagen gut gekühlt
600 g Schmand (3 Becher à je 200 g), 24 % Fettgehalt
1 TL Zitronensaft
½ Vanilleschote (das ausgekratzte Mark)
1 Päckchen Vanillepuddingpulver (42 g) oder 35 g Speisestärke

zum Bestreuen
½ TL Zimt
1 TL Zucker

Außerdem
Mehl zum Arbeiten
Butter für die Form

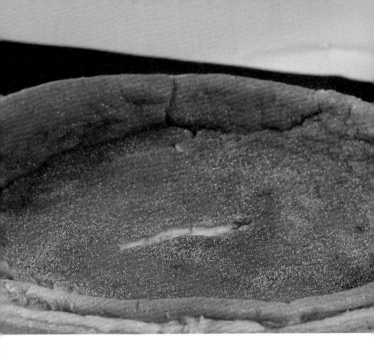

Zubereitung

-   Die Zutaten für den Mürbeteig rasch mit möglichst kalten Händen zusammenkneten und in Frischhaltefolie oder einen Gefrierbeutel verpackt 1 Stunde kühl stellen. Die Form fetten.

-   Nach der Kühlzeit den Backofen auf 180 °C vorheizen, den Rost auf der untersten Schiene einschieben.

-   Den Mürbeteig auf der leicht mit Mehl bestäubten Arbeitsfläche ausrollen und die Form damit auskleiden. Dabei einen Rand von 3,5 cm bis 4 cm formen. Den Boden mit einer Gabel stippen.

-   Für den Belag das Eiweiß mit der Prise Salz anschlagen, die Hälfte des Zuckers einrieseln lassen und weiterschlagen, bis der Schnee eine cremig-steife Konsistenz aufweist.

-   Die Sahne ebenfalls steif schlagen.

- Das Eigelb mit der zweiten Hälfte des Zuckers dick-cremig auf-schlagen, dann nach und nach den Schmand, den Zitronensaft, das Mark der halben Vanilleschote und das Vanillepuddingpulver (die Speisestärke) unterrrühen.

- Zunächst die steifgeschlagene Sahne, dann den Eischnee unter-heben.

- Die Masse in die vorbereitete Springform füllen und glatt strei-chen.

- Den Kuchen 50 bis 60 Minuten backen.

- Den fertiggebackenen Rahmkuchen aus dem Ofen holen. So-fort das Zimt-Zucker-Gemisch gleichmäßig aufstreuen und den Kuchen noch circa 10 Minuten in der Form stehen lassen, dann herausnehmen und auf einem Kuchengitter vollständig abkühlen lassen.

5   Betberger Torte

Schwierigkeit: leicht – mittel – anspruchsvoll

Zeitaufwand ohne Wartezeiten, Kochen, Backen: **45 Min.**

▶ Die Betberger Torte ist eine der vielen Nußkuchenvarianten aus dem Markgräfler Land. Dieses Rezept ist wohl eine Spezialität aus der Ortschaft Betberg bei Buggingen, andernorts heißen ähnliche Kuchen auch «Brissler».

Menge für eine Springform Ø 26 cm

Mürbeteig
200 g Mehl, Type 405, gesiebt
100 g Zucker, fein
1 Prise Salz
100 g Butter, kalt und in kleine
Würfel zerteilt
3 Eigelb (M)
1 unbehandelte Zitrone: ¼ TL
Schalenabrieb

Belag
50 g Himbeermarmelade,
ohne Kerne

3 Eiweiß (M)
1 Prise Salz
125 g Zucker, fein
1 Päckchen Vanillezucker (8 g)

200 g Haselnußkerne

Evtl. Puderzucker zum
Bestäuben

Außerdem
Mehl zum Arbeiten
Butter für die Form

Zubereitung

- Die Zutaten für den Mürbeteig rasch mit möglichst kalten Händen zusammenkneten und in Frischhaltefolie oder einen Gefrierbeutel verpackt ½ bis 1 Stunde kühl stellen. Die Form fetten.

- In der Zwischenzeit die Haselnußkerne rösten und enthäuten. Dafür den Backofen auf 230 °C vorheizen. Die Nüsse auf ein Backblech schütten, auf die oberste Schiene direkt unter den Grill schieben und 4 bis 5 Minuten rösten.

▶ **Achtung**: Die Haselnüsse verbrennen sehr schnell, daher immer wieder am Blech rütteln.

- Die Nüsse sofort in ein Küchentuch schütten (das man in ein Sieb gelegt hat) und mit dem Küchentuch die Häute abrubbeln.

- Die Nüsse beiseite stellen, abkühlen lassen, dann fein mahlen.

▶ Man kann die Haselnüsse natürlich auch ungeschält verwenden. Der Arbeitsaufwand des Röstens lohnt sich aber in jedem Fall, da sich durch das Rösten das Aroma der Haselnüsse noch mehr entfaltet und der Kuchen so einen herrlich intensiv-nussigen Geschmack erhält.

- Die Backofentemperatur auf 180 °C herunterschalten, den Rost auf der untersten Schiene einschieben.

- Den Mürbeteig nochmals durchkneten und auf einer leicht mit Mehl bestäubten Arbeitsfläche ausrollen. Die Springform damit auskleiden. Dabei einen Rand von 1,5 bis 2 cm formen.

- Die Himbeermarmelade glattrühren und gleichmäßig auf dem Mürbeteigboden verstreichen. Jetzt den Boden mit einer Gabel stippen.

- Für den Nußbelag die 3 Eiweiß mit der Prise Salz steifschlagen, dann Zucker und Vanillezucker einrieseln lassen und weiterschlagen, bis die Masse steif und glänzend ist. Mit einem Spatel die gemahlenen Haselnüsse unterheben.

- Die Nußmasse auf den Mürbeteigboden geben und glatt streichen.

- Den Kuchen 40 bis 45 Minuten backen.

- Die fertiggebackene Betberger Torte noch circa 10 Minuten in der Form stehen lassen, dann herausnehmen und auf einem Kuchengitter vollständig abkühlen lassen.

- Nach Belieben vor dem Servieren mit wenig Puderzucker überstäuben.

✔ **Sie können den Kuchen sofort essen oder verpackt noch zwei bis drei Tage durchziehen lassen.**

6 Gedeckter Birnenkuchen

Schwierigkeit: leicht – mittel – anspruchsvoll

Zeitaufwand ohne Wartezeiten, Kochen, Backen: **45 Minuten**

▶ **Die Conference- oder Konferenzbirne** eignet sich sehr gut: sie ist saftig und wird beim Backen weich, ohne gleich zu zerfallen. Ebenfalls geeignet sind Gute Luise, Williams, Alexander Lucas oder Le Bruns Butterbirne (auch Lebruns geschrieben). Auf dem Wochenmarkt und in besser sortierten Supermärkten erhältlich.

Menge für eine Springform Ø 24 cm

150 g weiche Butter
150 g Zucker
1 Prise Salz
3 Eier

300 g Mehl
1 Päckchen Backpulver (17 g)
1 gehäufter EL Kakao (10 g)
¼ Tl Zimt
1 Prise Muskatnuß, frisch gerieben

125 ml Milch

1 EL Rum (8 g)
100 g Bitterschokolade 70 %, gerieben
50 g feine Haferflocken
3 - 4 (mittel-)große reife Birnen, z.B. Conference, 650 g

3 EL Birnenschnaps (21 g)
150 g Puderzucker, gesiebt
3 - 4 EL Birnenschnaps (21-28 g)

Butter für die Form

Zubereitung

- Die Birnen schälen, halbieren, die Kerngehäuse entfernen und die Hälften an der Oberfläche fächerförmig einschneiden. Mit den 3 EL Birnenschnaps beträufeln, beiseite stellen.

- Den Ofen auf 190 °C vorheizen, den Rost auf der zweiten Schiene von unten in den Ofen schieben.

- Die Butter in einer Rührschüssel schaumig schlagen. Zucker und Salz einrieseln lassen und möglichst so lange rühren, bis sich der Zucker weitgehend aufgelöst hat. Die Eier nacheinander hinzugeben – immer erst nachdem ein Ei vollständig eingerührt ist, das nächste unterrühren.

- Mehl, Backpulver, Kakao, Zimt und Muskat mischen und in eine Schüssel sieben.

- Die Mehlmischung und die Milch im Wechsel unter die Butter-Eier-Masse rühren.

- Zuletzt den Rum, die geriebene Schokolade und die Haferflocken unter den Teig ziehen.

- Die Springform fetten und 2/3 des Rührteigs in die Form füllen, Birnenhälften mit der Wölbung nach oben leicht hineindrücken. Den übrigen Teig darüber verteilen.

- Den Kuchen 60 Minuten backen.

- Den Kuchen aus dem Ofen nehmen, 10 Minuten stehen lassen und aus der Form nehmen.

- Sobald der Kuchen vollständig abgekühlt ist, den Guß aus gesieb-
  tem Puderzucker und Birnenschnaps anrühren und den Kuchen
  damit glasieren.
- ▶ **Alternativen zum Zuckerüberzug:** Ein Schokoladenguß oder
  den Kuchen nackt genießen!

7   Birnenwähe

Schwierigkeit: **leicht** – mittel – anspruchsvoll

Zeitaufwand ohne Wartezeiten, Kochen, Backen: **45 Min.**

▶ **Wähen** (auch Waie) – stammen aus der alemannischen Küche, sie sind vor allem im Grenzgebiet zur Schweiz beliebt. Die flachen Blechkuchen werden mit einem Mürbe- oder Hefeteig, typischerweise aber mit einem Wäheteig gebacken (in der Schweiz «geriebener Teig»). Der Belag kann salzig oder süß sein (Käse, Gemüse, Zwiebeln, Speck oder Obst). Die flachen Kuchen werden – sowohl die pikanten als auch die süßen – mit einem Rahm/Milch-Eier-Guß gebacken. Außer in der Westschweiz, hier kommt üblicherweise kein Guß auf die Wähe.

Menge für eine Tarteform Ø 31/33 cm

Wäheteig
200 g Mehl, gesiebt
½ TL Salz
30 g Zucker (2 EL)
100 g Butter, kalt und in kleine Würfel zerteilt
50 - 60 ml kaltes Wasser (4 - 5 EL)

Belag
1250 g Birnen (z. B. Conferencebirnen, siehe S. 154)
Saft einer Zitrone

Guß
3 Eier
110-130 g Zucker, je nach Süße der Birnen
½ Vanilleschote (das ausgekratzte Mark).
250 g Crème double

Außerdem
Mehl zum Arbeiten
Butter für die Form

Zubereitung

- Für den Wäheteig das Mehl mit dem Salz und dem Zucker auf der Arbeitsplatte mischen.

- Die kalten Butterwürfel dazugeben und die Masse mit den Händen verreiben, bis sie gleichmäßig fein ist.

- Das kalte Wasser hinzufügen und den Teig rasch und gründlich zusammenkneten.

- Den Teig in Folie eingewickelt 30 Minuten im Kühlschrank ruhen lassen.

- In der Zwischenzeit die Birnen schälen, halbieren und die Kerngehäuse entfernen. Die Birnenhälften in schmale Spalten schneiden und mit dem Saft der Zitrone beträufeln.

- Die Birnenspalten abtropfen lassen.

- Den Backofen auf 220 °C vorheizen, den Rost auf der untersten Schiene einschieben.

- Die Tarteform fetten. Den Wäheteig auf etwas mehr als Formgröße ausrollen und die Form damit auskleiden. Dabei einen kleinen Rand hochziehen.

- Die Birnenspalten fächerförmig im Kreis von außen nach innen auf dem Teigboden verteilen.

- Für den Guß die Eier mit dem Zucker und dem Mark der halben Vanilleschote schaumig schlagen. Die Crème double einrühren. Den Guß über die Birnen gießen.

- Die Tarte 25 - 30 Minuten backen.

- ▶ Gemessen an der Größe der Tarteform ist die Teigmenge klein. Der Teig muß deshalb sehr dünn ausgerollt werden, was jedoch kein Problem bereitet. Der dünne Boden soll quasi nur als Unterlage für den cremig-fruchtigen Belag dienen.

- ▶ Wird die Wähe während des Backens zu dunkel, deckt man die Form einfach mit Alufolie ab.

- ✔ Auf einem Kuchengitter auskühlen lassen und bald servieren.

8 Brombeerkuchen
mit Eier-Sahne-Guß

Schwierigkeit: leicht – mittel – anspruchsvoll
Zeitaufwand ohne Wartezeiten, Kochen, Backen: **50 Min.**

Menge für eine konische Tarteform Ø 28/32 cm

Mürbeteig
250 g Mehl, gesiebt
100 g Zucker
1 Prise Salz
125 g Butter, gekühlt und in kleine Würfel geschnitten
1 Ei
50 g Crème fraîche

Belag
900 g frische, nicht allzu große Brombeeren
50 g Meringenschalen

Guß
3 Eier
150 g bis 200 g Zucker –
je nach Säure der Beeren
1 Vanilleschote (das ausgekratzte Mark).
1 Päckchen Vanillepuddingpulver (42 g)
1 Becher Sahne (200 g)

Außerdem
Mehl zum Arbeiten
Butter für die Form

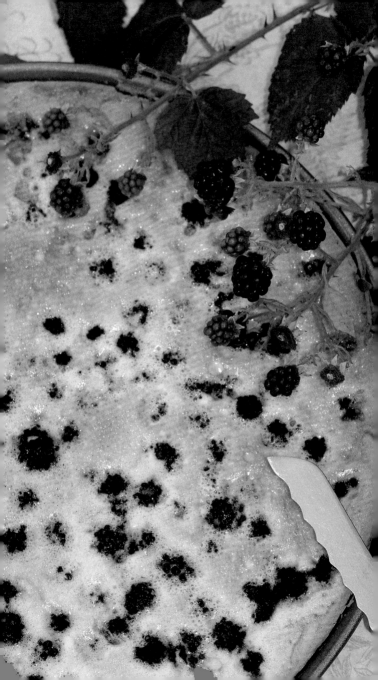

Zubereitung

- Die Zutaten für den Mürbeteig mit möglichst kalten Händen rasch zusammenkneten und in Folie verpackt 2 bis 3 Stunden im Kühlschrank ruhen lassen. Die Form fetten.

- Die Brombeeren verlesen, leicht abbrausen und trocken tupfen.

- Die Meringenschalen zwischen zwei Folien oder in einer Gefriertüte zerbröseln.

- Den Backofen auf 200 °C vorheizen, den Rost auf der untersten Schiene einschieben.

- Den Mürbeteig dünn ausrollen und die Tarteform damit auskleiden, dabei einen kleinen Rand hochziehen. Den Boden mit einer Gabel stippen.

- Auf dem Boden zuerst die zerbröselten Meringenschalen, dann die Brombeeren gleichmäßig verteilen.

- Den Kuchen zunächst 30 Minuten backen.

- Für den Guß Eier, Zucker und das ausgekratzte Mark der Vanilleschote schaumig aufschlagen, das Vanillepuddingpulver unterrühren, zuletzt die Sahne unterschlagen.

- Den Ofen auf 180 °C herunterschalten, den Kuchen herausnehmen und den Guß über die Beeren gießen. Den Kuchen in weiteren 30 Minuten fertig backen.

✔ **Dazu paßt hervorragend: viel frisch geschlagene Sahne oder eine selbstgemachte Vanillesoße.**

9   Erdbeertarte

Schwierigkeit: leicht – mittel – anspruchsvoll

Zeitaufwand ohne Wartezeiten, Backen: **knapp 1 Stunde**

▶ **Das Mitbacken der Erdbeeren** in diesem Rezept geht wohl auf den Einfluß der französischen bzw. der elsässischen Backtradition zurück. Auf unserer Seite des Rheins besteht ein Erdbeerkuchen dagegen in aller Regel aus einem hellen Biskuitboden, der mit frischen Erdbeeren belegt und abschließend mit einem Tortenguß überzogen wird.

Menge für eine Tarteform Ø 28/32 cm

Knetteig
250 g Mehl, gesiebt
100 g Butter
100 g Zucker
2 Eigelb
0,5 dl Weißwein

Belag
5 Eiweiß
1 Prise Salz
200 g Zucker
140 g Mandeln, ganz
750 g Erdbeeren, möglichst kleine, sehr aromatische – am besten Walderdbeeren
evtl. 50 g Puderzucker

Außerdem
Mehl zum Arbeiten
Butter für die Form

Zum Blindbacken
Backtrennpapier in der Größe eines Kreises etwas größer als der obere Formdurchmesser und getrocknete Hülsenfrüchte.

▶ **Blindbacken:** Um einen knusprigeren Boden zu erhalten, wird der Mürbteigboden zunächst vor-, d.h. «blindgebacken». Dazu wird der Teigboden in der Form mehrmals mit einer Gabel eingestochen, anschließend mit Butterbrot- oder Backpapier ausgelegt und mit getrockneten Hülsenfrüchten (Erbsen, Bohnen) beschwert (damit der Teigrand nicht abrutscht und der Boden flach bleibt). Nach dem Backen werden Papier und Hülsenfrüchte entfernt und die Blindfüllung durch die eigentliche Füllung – hier Erdbeeren und Eiweißmasse – ersetzt, mit der der Kuchen fertiggebacken wird.

Zubereitung

- Die Zutaten für den Knetteig rasch mit möglichst kalten Händen zusammenarbeiten und in Folie verpackt mindestens ½ Stunde kühl stellen. Die Form fetten.
- Die Erdbeeren verlesen, putzen und – falls erforderlich – mit einem Pinsel von Schmutz und Sand befreien, möglichst nicht waschen.
- Den Backofen auf 200 °C vorheizen, den Rost auf der untersten Schiene einschieben.
- Den Mürbeteig ausrollen und die Tarteform damit auskleiden, dabei einen Rand hochziehen. Den Boden mit einer Gabel stippen.
- Den zugeschnittenen Papierkreis einlegen und das Papier mit den Hülsenfrüchten beschweren.
- Den Boden 10 Minuten backen, die Hülsenfrüchte und das Papier aus der Form entfernen und die Form für weitere 5 Minuten in den Ofen schieben.
- Die Form aus dem Ofen holen und den Boden kurz abkühlen

lassen. Den Backofen auf 180 °C herunterschalten, den Rost auf die zweite Schiene von unten einschieben.

- Die Mandeln fein mahlen und 40 g davon gleichmäßig in der Form verteilen.
- Das Eiweiß mit der Prise Salz steif schlagen, dabei den Zucker nach und nach einrieseln lassen.
- Zunächst die verbliebenen 100 g Mandeln, dann die Erdbeeren vorsichtig mit einem Spatel unter die Eiweißmasse heben. Diese Mischung in die Form geben und glatt streichen.
- Den Kuchen 1 Stunde backen.
- Dann die Tarte aus dem Ofen nehmen, abkühlen lassen und nach Belieben leicht mit Puderzucker bestäuben.

✔ Mit Schlagsahne, einer feinen Vanillecreme
oder pur servieren.

10   Flammkuchen

Schwierigkeit: leicht – mittel – anspruchsvoll

Zeitaufwand für die Herstellung von 8 - 10 Flammkuchen
ohne Wartezeiten, Kochen, Backen: **1 Stunde**

▶ **Flammkuchenteig:** nur aus Brotteig wird ein Flammkuchen –
aus Hefeteig wird höchstens ein guter salziger Kuchen.

Menge für 8 - 10 Flammkuchen

Brotteig

500 g Weizenmehl Type 550, gesiebt. Gut geeignet wäre auch Brotmehl Type 700, eine Mischung aus 80 % Weizenmehl Type 550 und 20 % Roggenmehl.
1 TL Salz
5 EL Rapsöl (35 g)
280 - 300 ml kaltes Wasser

Belag

250 g Quark, 40%
600 g Sauerrahm, 20%
150 g Crème fraîche, 30%
300 g Zwiebeln, in ganz feine Ringe gehobelt
200 g Speck, in ganz schmale Streifen geschnitten
Salz nach Bedarf
Pfeffer aus der Mühle

Außerdem

Mehl zum Arbeiten

1 Schamottstein für den Backofen

alternativ: Backpapier für das Backblech.

▶ **Der Schamottstein** ist eine Alternative zum Brotbackofen, den ja nicht jeder besitzt. Schamottsteine sind beim Ofensetzer oder auch bei Händlern über das Internet günstig zu bekommen. Üblicherweise wird er im Standardofenformat 30 x 40 cm angeboten, die Steinplatte ist somit in jeden herkömmlichen Haushaltsbackofen einsetzbar.

Das Aufheizen des massiven Schamottsteins ist recht zeit- und energieintensiv (s.u.), am besten backt man immer mehrere Flammkuchen, dann lohnt sich der Aufwand. (Mit einem Schamottstein gelingt auch Brot oder Pizza sehr gut!)

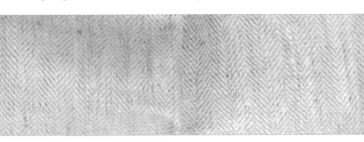

Backen mit Schamottstein: Der Schamottstein muß bereits eine Stunde vor Arbeitsbeginn aufgeheizt werden, sonst ist er nicht heiß genug. Den Temperaturregler des Backofens auf 250 °C (Höchststufe) einstellen, den Backofenrost auf der untersten Schiene des Backofens einschieben und den Schamottstein darauf legen.

Wenn der Backofenboden Rillen hat, kann der Schamottstein direkt auf den Boden gelegt werden. Wichtig ist jedoch, daß die Luft zirkulieren kann.

Backen auf konventionelle Weise auf dem Backblech: den Backofen auf 230 ° - 250 ° C (je nach Backofen) vorheizen und das Backblech mit Backpapier belegen. Auf der untersten Schiene brauchen die Flammkuchen, je nach Hitze des Ofens, 10 - 20 Minuten.

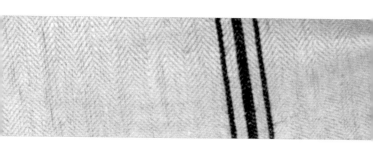

Zubereitung

- Das Mehl zusammen mit dem Salz auf die Arbeitsfläche schütten, eine Mulde formen, Öl und Wasser hineingießen und mit einer Gabel mit dem Mehl vermengen. Alles zu einem weichen Teig kneten, der sich jedoch nicht klebrig anfühlen darf.

▶ **Mit einem Handmixer oder einer Küchenmaschine** werden alle Zutaten bis auf das Wasser in die Rührschüssel gegeben und zunächst kurz bei niedriger, dann auf höchster Stufe zusammengeknetet. Währenddessen wird das Wasser zugegossen, bis ein geschmeidiger Teig entsteht. Den Teig kurze Zeit ruhen lassen.

- Den Teig in 8 - 10 Portionen teilen. Jede Teigportion **sehr dünn** ausrollen.

- Den Quark zusammen mit dem Sauerrahm und der Crème fraîche geschmeidig rühren und die Teigplatten gleichmäßig damit bestreichen. Erst jetzt mit Pfeffer aus der Mühle und – nach Bedarf bzw. abhängig vom Salzgehalt des Specks – mit wenig Salz würzen.

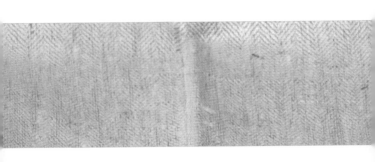

▶ **Achtung:** Wenn Sie die Quark-Sauerrahm-Crème fraîche-Mischung vor dem Aufstreichen auf die Teigfladen mit Salz und Pfeffer würzen, können Sie den Aufstrich nicht mehr für die süßen Flammkuchen verwenden, die Sie vielleicht am Ende noch backen wollen.

- Die Zwiebelringe und Speckstreifen auf den Flammkuchen verteilen.

- Die Flammkuchen nacheinander mit Hilfe einer reichlich mit Mehl bestäubten Holzschaufel direkt auf den heißen Schamottstein geben und 5 bis 10 Minuten backen, bis der Boden knusprig ist und Blasen wirft.

✔ **Sehr heiß servieren!**

Beim gratinierten Flammkuchen *(tarte flambée gratinée)* – einer Variante des traditionellen Flammkuchens – wird vor dem Backen zusätzlich etwas geriebener Emmentaler Käse über den Belag gestreut.

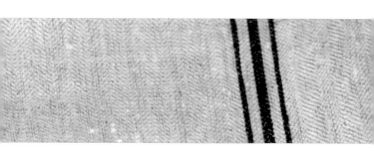

Süße Variante

Die geläufigste süße Flammkuchenvariante ist der Apfel-flammkuchen, der nach dem Backen noch mit Calvados flambiert werden kann.

Zutaten für 4 - 5 Flammkuchen

Teig
250 g Mehl, Type 550, gesiebt
1 Prise Salz
2 ½ EL Rapsöl (17,5 g)
140-150 ml Wasser, kalt

Belag
125 g Quark, 40 %
300 g Sauerrahm, 20 %
75 g Crème fraîche, 30 %

4 mittelgroße Äpfel (circa 800 g) einer säuerlichen Sorte wie Bo-skoop, Cox Orange o.ä.. Die Kerngehäuse entfernen und die Äpfel in ganz dünne Ringe schneiden.

5 EL Zucker (70 g)
Zimt, nach Geschmack
5 EL Calvados (50 g)

Zubereitung

- Den Quark zusammen mit dem Sauerrahm und der Crème fraîche geschmeidig rühren und die Teigplatten gleichmäßig damit bestreichen. Die Apfelringe dicht an dicht darauf legen. Zimt und Zucker mischen und über die Apfelringe streuen.

- Backen wie oben beschrieben.

- Zum Flambieren den Calvados in einem Töpfchen erwärmen, dann in eine Schöpfkelle geben, anzünden und den brennenden Calvados über den Flammkuchen gießen.

Eine weitere süße Variante: einige EL Eierlikör unter die Quark-Sauerrahm-Crème fraîche-Mischung rühren. Dann kann auf den Zimt und das Flambieren mit Calvados verzichtet werden**.**

Zutaten für den Belag von 4 - 5 Flammkuchen

125 g Quark, 40 %
300 g Sauerrahm, 20 %
75 g Crème fraîche, 30 %
5 EL Eierlikör (50 g)

4 mittelgroße Äpfel, circa 800 g, einer säuerlichen Sorte wie Boskoop, Cox Orange o.ä. Die Kerngehäuse entfernen und die Äpfel in ganz dünne Ringe schneiden.

5 EL Zucker (70 g)

Zubereitung wie oben.

11 Hefezopf

Schwierigkeit: **leicht** – mittel – anspruchsvoll
Zeitaufwand ohne Wartezeiten, Kochen, Backen: **45 Min.**

▶ **Beim Hefeteig ist es ganz wichtig,** daß alle Zutaten leicht erwärmt sind, zumindest Zimmertemperatur haben. Also: Alle Zutaten schon ein bis zwei Stunden vor Arbeitsbeginn am Arbeitsplatz richten. Außerdem empfiehlt sich zum Kneten des Teigs ein Holzbrett, da der Teig dann beim Arbeiten seine Wärme behält.

Hefeteig

500 g Weizenmehl Type 405, gesiebt. Gut geeignet ist auch Mehl Type 630, eine Mischung aus gleichen Teilen Weizenmehl Type 405 und Dinkelmehl.

20 g Frischhefe (circa ½ Hefewürfel)

250 ml Milch, 3,5% Fettgehalt, lauwarm

80 g Butter, weich

1 Ei

90 g Zucker

1 große Prise Salz

½ unbehandelte Zitrone, abgeriebene Schale

Außerdem

1 Eigelb

1 EL Milch (6 g)

1 Prise Zucker

1 Prise Salz

Zum Bestreuen nach Belieben Hagelzucker oder gehobelte, bzw. gestiftelte Mandeln. Mehl zum Arbeiten.

Backpapier für das Backblech

Zubereitung

- Das gesiebte Mehl in eine Rührschüssel geben, eine Mulde formen und mit der Hand die zerbröckelte Hefe mit einem Teil der lauwarmen Milch glatt rühren.

- Die Butter und das Ei in der übrigen Milch verrühren.

- Alle Zutaten zum Mehl geben und, entweder mit der Maschine oder von Hand, den Teig so lange kneten, bis er glatt und elastisch ist. Sollte der Teig noch kleben, auf keinen Fall mehr Mehl zugeben, sondern weiterkneten, bis sich der Teigkloß von der Wand der Rührschüssel bzw. der Arbeitsfläche löst und schön elastisch ist.

- Den Teig mit einem Tuch abdecken und 30 Minuten an einem warmen Ort gehen lassen. Hilfreich ist es, den Backofen auf 50 °C vorzuheizen und unten eine Tasse Wasser hineinstellen. So kann der Backofen als „Gärschrank" genutzt werden.

- Den gegangenen Hefeteig auf die mit Mehl bestäubte Holzunterlage geben und nochmals von Hand durchkneten.

- Nun aus dem Teig einen Zopf formen, nach Belieben aus drei oder vier Strängen. Dazu den Teig entweder in 3 oder in 4 gleich

große Portionen teilen, diese zu gleich langen Strängen rollen und flechten.

- Den Zopf auf das mit Backpapier ausgelegte Backblech legen.

- Das Eigelb mit der Milch, der Prise Salz und dem Zucker sehr gut verquirlen und den Zopf damit bestreichen; nach Belieben mit Hagelzucker oder Mandeln bestreuen.

- Den Zopf mit einem Tuch abdecken und nochmals 15 Minuten in der warmen Küche gehen lassen.

- Inzwischen den Backofen auf 190 °C vorheizen.

- Den Zopf auf der mittleren Schiene bei Ober-/Unterhitze 25 bis 35 Minuten backen. Sollte er zu dunkel werden, eventuell den Zopf nach der Hälfte der Backzeit mit Alufolie abdecken.

12   Heidelbeerkuchen

Schwierigkeit: leicht – mittel – anspruchsvoll

Zeitaufwand ohne Wartezeiten, Kochen, Backen: **45 Min.**

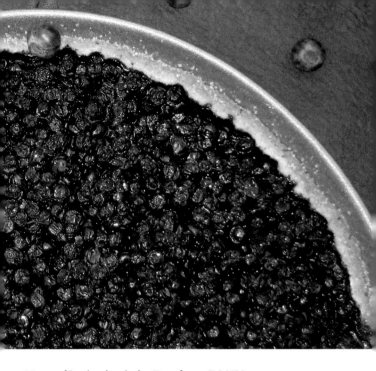

Menge für eine konische Tarteform Ø 26/30 cm

Mürbeteig
210 g Mehl, gesiebt
40 g Haselnüsse, gemahlen
140 g Butter, kalt und in
kleine Würfel zerteilt
80 g Puderzucker, gesiebt
1 Prise Salz
1 Ei

Belag
60 g Meringenschalen, fein zer-
bröselt
1 kg frische Heidelbeeren
alternativ: 1200 g Tiefkühl-Hei-
delbeeren (4 Päckchen à 300 g),
vor dem Backtag über Nacht
auftauen lassen.

Die Heidelbeeren sollten in der
Form etwa 2 cm hoch sein.
30 g Zucker

Außerdem
Mehl zum Arbeiten
Butter für die Form

Zum Blindbacken
Backtrennpapier oder Butterbrotpapier – in der Größe eines
Kreises etwas größer als der
obere Formdurchmesser und
Hülsenfrüchte. Die Blindfüllung
wird nach dem Backen durch
die eigentliche Füllung – hier
Meringenschalen mit Heidelbeeren – ersetzt. Siehe Seite 167.

Zubereitung

- Frische Heidelbeeren vorsichtig abbrausen und trocken tupfen. Bei Tiefkühlware die Beeren in einem Sieb abgedeckt – am besten über Nacht – auftauen und dabei sehr gut abtropfen lassen.

- Die gemahlenen Haselnüsse für den Mürbeteig kurz in einer Pfanne ohne Fett leicht anrösten und abkühlen lassen.

- Dann zusammen mit den übrigen Mürbeteig-Zutaten mit möglichst kalten Händen rasch verkneten und die Teigkugel 2 Stunden in Folie verpackt kühl stellen.

- Die Form fetten.

- Den Backofen auf 200 °C vorheizen. Den Rost auf der untersten Schiene einschieben.

- Den Mürbeteig 4 - 5 mm dick ausrollen und die Tarteform damit auskleiden, dabei einen 2 cm hohen Rand hochziehen.

  Sollte der Teig zum Ausrollen zu weich sein, den Teig mit der flachen, leicht bemehlten Hand in die Form drücken. Den Boden mit einer Gabel stippen.

- Den zugeschnittenen Papierkreis einlegen und das Papier mit den Hülsenfrüchten beschweren.

- Den Boden 10 Minuten backen, die Hülsenfrüchte und das Papier aus der Form entfernen und die Form für weitere 8 - 10 Minuten in den Ofen schieben.

- Die Form aus dem Ofen holen und den Boden kurz abkühlen lassen.

- Die zerbröselten Meringenschalen in die Form streuen. Die Heidelbeeren gleichmäßig darauf verteilen.

- Den Kuchen zunächst 20 Minuten backen. Sollte der Rand des Mürbeteigs zu dunkel werden, den Kuchen mit Alufolie abdecken.
- Dann den Zucker über die Beeren streuen, den Ofen auf 160 °C herunterschalten und den Kuchen – weiterhin abgedeckt – in weiteren 20 Minuten fertig backen.

✔ Sobald der Heidelbeerkuchen völlig abgekühlt ist, servieren. Unbedingt mit reichlich frisch geschlagener Sahne!

13 Himbeertartelettes

Schwierigkeit: leicht – **mittel** – anspruchsvoll

Zeitaufwand ohne Wartezeiten, Kochen, Backen: **1¾ Std.**
(Falls die Mürbeteigtartelettes in kleineren Portionen nacheinander gebacken werden, dauert es länger.)

▶ **Blindbacken:** Zur Herstellung dieser Obsttörtchen müssen die Mürbeteigböden zunächst «blindgebacken» werden (siehe Seite 167). Die Blindfüllung wird nach dem Backen durch die eigentliche Füllung – hier Vanillecreme und Himbeeren – ersetzt.

Menge für 10 Tarteletteförmchen à Ø 11 cm

Mürbeteigboden
180 g Mehl, gesiebt
30 g Mandeln, fein gemahlen
50 g Puderzucker, gesiebt
1 Päckchen Vanillezucker (8 g)
1 Prise Salz
1 Ei
120 g Butter, gekühlt und in
kleine Würfel geschnitten

Belag
750 g Himbeeren
Vanillecreme –
Crème pâtissière:
500 ml Milch
1 Vanilleschote
100 g Zucker
6 Eigelb
20 g Mehl, gesiebt
20 g Speisestärke, gesiebt

Glasur
Puderzucker zum Bestäuben
oder
5 EL Himbeergelee (100 g)
1 EL Himbeergeist
gehackte Pistazien nach Belieben

Außerdem
Butter für die Förmchen
Backpapier/Butterbrotpapier
zum Blindbacken für 10 Kreise
à 8 cm
Hülsenfrüchte zum Blindbacken
Alufolie zum Abdecken

Zubereitung

- Die Zutaten für den Mürbeteig mit möglichst kalten Händen rasch zusammenkneten. Die Teigkugel verpackt 2 bis 3 Stunden kühlen.
- Die Förmchen einfetten und die Papierkreise zum Blindbacken zuschneiden.
- Die Himbeeren verlesen, möglichst nicht waschen.
- Für die Vanillecreme die Milch in einen Topf gießen, die Vanilleschote aufschneiden und das Mark herauskratzen. Schote und Mark zusammen mit 25 g Zucker in die Milch geben und aufkochen.
- Das Eigelb mit den restlichen 75 g Zucker, dem Mehl und der Speisestärke in einer Rührschüssel weiß-schaumig aufschlagen.
- Die gekochte Milch durch ein feinmaschiges Sieb schütten, dann unter ständigem Rühren in die aufgeschlagene Eigelbmischung laufen lassen. Alles zurück in den Topf geben und auf dem Herd nochmals richtig durchkochen.
- Die Creme erkalten lassen, immer wieder umrühren, um eine Hautbildung zu vermeiden. Soll es schneller gehen, die Cremeschüssel in ein größeres Gefäß mit Eiswasser stellen und kalt rühren.
- Den Backofen auf 200 °C vorheizen, den Rost auf der untersten Schiene einschieben.
- Den Mürbeteig so dünn wie nur möglich ausrollen und die vorbereiteten Förmchen damit auskleiden, die Böden mit einer Gabel stippen.
- Die zugeschnittenen Papierkreise in die Förmchen legen und mit den Hülsenfrüchten beschweren.
- Die Förmchen in den Backofen schieben, mit Alufolie abdecken und 12 Minuten backen.
- Dann die Tartelettes herausholen, Hülsenfrüchte und Papier entfernen und ohne Abdeckung weitere 6 – 8 Minuten backen.

- Nach dem Backen die Tartelettes vorsichtig aus den Förmchen stürzen und auf einem Kuchengitter völlig abkühlen lassen.

  Wer keine 10 Förmchen zur Verfügung hat, backt die Tartelettes in kleineren Portionen nacheinander.

- Jeweils einige Esslöffel der erkalteten Vanillecreme in jedes der Mürbeteigtartelettes streichen und die Himbeeren dicht an dicht auf die Creme setzen – zur Mitte hin mehr Beeren auf die Törtchen legen.

- Nach Belieben die Törtchen nur mit Puderzucker überstäuben oder mit Glasur überziehen. Dazu das Himbeergelee bei mäßiger Hitze in einem Töpfchen flüssig werden lassen und den Himbeergeist einrühren. Mit Hilfe eines Backpinsels oder eines Esslöffels die Beeren damit überziehen. Abschließend mit gehackten Pistazien bestreuen.

✔ **Sehr dekorativ** sind ein paar zusätzliche Sahnerosetten – geschmacklich auf jeden Fall eine hervorragende Ergänzung zu dem knusprigen Mürbeteig, der feinen Vanillecreme und dem fruchtigen Belag.

14 Hüsiger

Schwierigkeit: leicht – **erfordert etwas Übung** – anspruchsvoll

Zeitaufwand ohne Wartezeiten, Kochen, Backen: **1 Stunde**

▶ **Der Hüsiger ist wie** die Betberger Torte eine Spezialität aus dem Markgräfler Land, und zwar aus Obereggenen bei Schliengen. Da er sehr an die Engadiner Nußtorte erinnert, geht er wahrscheinlich auch auf diese Schweizer Spezialität zurück.

Menge für eine Springform mit Ø 26 cm

Mürbeteig
300 g Mehl, Type 405, gesiebt
100 g Zucker, fein
1 Prise Salz
150 g Butter, kalt und
in kleine Würfel zerteilt
1 Ei (M)
2 EL Wasser, kalt
1 unbehandelte Zitrone:
¼ TL Schalenabrieb

Nußfüllung
250 g Walnußkerne
150 g Zucker
20 g Blüten- oder
Tannenhonig
200 g Sahne (1 Becher)
40 g Johannisbeergelee
evtl. Puderzucker zum
Bestäuben

Außerdem
Mehl zum Arbeiten
Butter für die Form

Zubereitung

- Die Zutaten für den Mürbeteig rasch mit möglichst kalten Händen zusammenkneten und in Folie verpackt ½ bis 1 Stunde kühl stellen. Die Form fetten.

- In der Zwischenzeit für die Füllung die Walnußkerne grob hacken.

- Den Zucker in einem Edelstahltopf bei mittlerer Hitze zu hellblondem Karamell schmelzen. Die Walnüsse und den Honig zugeben und alles gut vermischen.

- Die Sahne zugießen und solange rühren, bis sich Sahne und Karamell verbunden haben. Die Masse unter gelegentlichem Rühren etwas eindicken lassen. Beiseite stellen und abkühlen lassen.

- Den Backofen auf 180 °C vorheizen, den Rost auf der untersten Schiene einschieben.

- Den Mürbeteig nochmals durchkneten und circa 2/3 davon auf einer bemehlten Arbeitsfläche ausrollen. Die Springform damit auskleiden. Dabei einen Rand von 2 cm formen.

- Das Johannisbeergelee glattrühren und gleichmäßig auf dem

Mürbeteigboden verstreichen. Jetzt den Boden mit einer Gabel stippen.

- Die abgekühlte Nußmasse in die Form geben und gleichmäßig verteilen.

- Den verbliebenen Mürbeteig auf wenig Mehl dünn ausrollen und schmale Streifen von etwa 1,5 cm Breite schneiden. Diese gitterförmig auf den Belag legen, den Rand ebenfalls mit einem schmalen Streifen abdecken.

- Den Kuchen 40 bis 45 Minuten backen.

- Den fertiggebackenen Hüsiger noch circa 10 Minuten in der Form stehen lassen, dann herausnehmen und auf einem Kuchengitter vollständig abkühlen lassen.

- Nach Belieben vor dem Servieren mit wenig Puderzucker überstäuben.

✔ **In Alu- oder Frischhaltefolie verpackt und kühl gelagert, hält sich der Hüsiger zwei bis drei Wochen frisch, entwickelt dabei sogar noch mehr Aroma und wird etwas mürber.**

15   Johannisbeerkuchen

Schwierigkeit: leicht – mittel – anspruchsvoll

Zeitaufwand ohne Wartezeiten, Kochen, Backen: **1 Stunde**

Menge für eine konische Springform Ø 26/30 cm

Mürbeteigboden
250 g Mehl, gesiebt
80 g Zucker
1 Päckchen Vanillezucker (8 g)
3 Eigelb
150 g Butter, gekühlt und
in kleine Würfel geschnitten

Belag
500 g rote Johannisbeeren
5 Eiweiß

1 Prise Salz
200 g Zucker
40 g Speisestärke, gesiebt
100 g Mandeln, abgezogen,
leicht geröstet und gemahlen

Außerdem
Mehl zum Arbeiten
Butter für die Form

Zubereitung

- Die Zutaten für den Mürbeteig rasch mit möglichst kalten Händen zusammenkneten und in Folie verpackt mindestens 1 Stunde kühl stellen.

- Die Johannisbeeren in kaltem Wasser waschen, abtropfen lassen und die Beeren von den Rispen abziehen, in einer Schüssel beiseite stellen.

- Den Backofen auf 180 °C vorheizen, den Rost auf der zweiten Schiene von unten einschieben.

- Die Form fetten und mit dem Mürbeteig auskleiden, dabei einen circa 3 cm hohen Rand formen. Mit einer Gabel stippen.

- Das Eiweiß mit der Prise Salz in einer Schüssel sehr steif schlagen, den Zucker nach und nach einrieseln lassen. Gut 2/3 der Masse in einen Spritzbeutel mit großer Rosettentülle füllen.

- In den übrigen Eischnee die gesiebte Speisestärke und die gemahlenen Mandeln rühren, auf die Johannisbeeren geben und alles gründlich vermischen.

- Die Johannisbeermasse auf dem Mürbeteigboden verstreichen. Mit Hilfe eines Tortenmarkierers oder eines langen Messers 12 Stücke markieren. Die Segmente mit dem Eischnee dekorativ ausspritzen.

- Sie können die Baisermasse natürlich auch einfach mit einem Messer oder einem Löffel auf den Johannisbeeren verteilen.

- Den Kuchen 60 Minuten backen. Sollte das Baiser zu dunkel werden, nach 30 bis 40 Minuten Backzeit mit einer Alufolie abdecken.

- Den Kuchen aus dem Ofen nehmen und für einige Minuten in der Form stehen lassen, dann herausnehmen und völlig auskühlen lassen.

- Möglichst bald servieren.

✔ **Tipp**: Die Eiweißmasse nicht ganz bis an den Rand der Springform spritzen, so daß das Baiser nicht an der Form festbäckt und der Kuchen aus der Form genommen werden kann, ohne daß das Baiser bricht.

16   Käsekuchen

Schwierigkeit: leicht – **mittel** – anspruchsvoll
Zeitaufwand ohne Wartezeiten, Kochen, Backen: **1 Stunde**

▶ **Die Rosinenfrage – mit oder ohne.** Die Grenze zwischen Rosinenfreunden und -hassern verläuft oftmals quer durch die Familie. Eine konfliktarme Lösung wäre: die rechte Hälfte mit Rosinen bestücken, die linke ohne. Rosinen halten sich beim Backen an ihre Grenzen, sie wandern nicht.

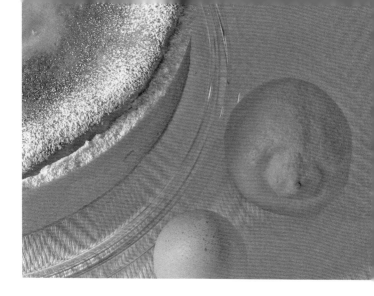

Menge für eine Springform Ø 26 cm

Mürbeteig

250 g Mehl, gesiebt
125 g Butter, kalt und in kleine Würfel geschnitten
85 g Zucker
1 Päckchen Vanillezucker (8 g)
1 Prise Salz
1 Ei

Käsemasse

4 Eigelb
250 g Zucker
2 Päckchen Vanillezucker (16 g)
1 EL Zitronensaft (10 g)
1 Päckchen Vanillepudding-pulver (42 g) / alternativ: 35 g Speisestärke
1 Schnapsglas Rum (25 g)
1 kg Sahnequark, 40 %ig
1 Becher saure Sahne, 10 %ig (200 g)
85 g Butter
4 Eiweiß
1 Prise Salz

▶ **Optional:** 40-50 g Rosinen für die halbe Teigmenge, die vor dem Einfüllen der Quarkmasse auf eine Hälfte des Mürbeteig-bodens gestreut wird.

Außerdem

Mehl zum Arbeiten
Butter für die Form
Puderzucker zum Bestäuben

Vorbereitung

- Die Zutaten für den Mürbeteig rasch mit möglichst kalten Händen zusammenkneten, und die Teigkugel in Frischhaltefolie oder einen Gefrierbeutel verpackt mindestens 1 Stunde kühl stellen.

- Den Backofen auf 200 °C vorheizen, den Rost auf der untersten Schiene einschieben.

- 2/3 des Mürbeteigs dünn ausrollen und einen Kreis in der Größe des Springformbodens ausschneiden. Den verbliebenen Mürbeteig wieder kühl stellen.

- Den Boden der Form fetten, die runde Mürbeteigplatte hineinlegen, mit einer Gabel stippen und 7 bis 10 Minuten backen. Auskühlen lassen.

- In der Zwischenzeit die Eier trennen.

- Das Eigelb, 100 g Zucker, den Vanillezucker, den Zitronensaft, das Vanillepuddingpulver oder die Stärke und den Rum mit dem Schneebesen (oder den Quirlen des Handmixers) in einer Rührschüssel zusammenrühren.

- Quark und saure Sahne unterrühren.

- Die Butter in einem Töpfchen schmelzen.

- Das Eiweiß mit der Prise Salz und dem restlichen Zucker in der Küchenmaschine oder mit dem Handmixer steif schlagen: die Prise Salz sofort zugeben und anschließend den Zucker nach und nach einrieseln lassen.

- Die flüssige Butter in einem dünnen Strahl in die Quarkmasse geben und mit dem Schneebesen einarbeiten.

- Den Rand der Springform fetten und mit dem restlichen Mürbeteig einen Rand formen, der so hoch wie die Springform ist.

- Den Eischnee mit einem Spatel unter die Quarkmasse heben, die Käsemasse in die Form füllen und glatt streichen.

Backen

▶ Ein Käsekuchen wird **mindestens zweimal gebacken**, besser noch dreimal; dies verhindert zum einen das Aufreißen der Quarkmasse und zum anderen sinkt die Quarkmasse nach dem Erkalten nicht mehr so stark ab.

- Den Kuchen zunächst bei 200 °C circa 25 Minuten anbacken: In dem Moment, wo die Käsemasse anfängt zu steigen und eine leichte Oberflächenspannung bekommt, den Kuchen aus dem Ofen holen und mit einem kleinen Messer zwischen Mürbteigrand und Quarkmasse – quasi unter dem Deckel – einen circa 1 cm tiefen Schnitt vornehmen, um die Quarkmasse vom Mürbteigrand zu lösen.

- Den Kuchen circa 10 Minuten stehen lassen, bis sich die Quarkmasse wieder bis auf die Höhe des Springformrandes gesetzt hat.

- In der Zwischenzeit den Ofen auf 175 °C herunterschalten.

- Nach Ablauf der 10 Minuten den Kuchen für die Dauer von 20 bis 25 Minuten wieder in den Ofen schieben.

- Den Kuchen erneut herausholen und stehen lassen, bis sich die Quarkmasse wieder bis zur Höhe der Kuchenform gesetzt hat; dies dauert circa 15 bis 20 Minuten.

- Dann den Kuchen nochmals für 10 bis 20 Minuten in den Ofen schieben.

- Den Backofen ausschalten und den Kuchen im ausgeschalteten geschlossenen Backofen auskühlen lassen.

- Nach dem Erkalten aus der Form nehmen und den Rand leicht mit Puderzucker bestäuben.

17   Käsewähe

Schwierigkeit: leicht – mittel – anspruchsvoll

Zeitaufwand ohne Wartezeiten, Kochen, Backen: **45 Minuten**

▶ **Die Käsewähe** ist – wie andere Wähen oder Waien – im Südbadischen, besonders im Markgräflerland bekannt. Ursprünglich
kommen Wähen aus der Schweiz. Sie gehören dort auch zu den
traditionellen Speisen, die zum «Basler Morgenstraich», dem Auftakt
der Basler Fastnacht, serviert werden. Am Montagmorgen nach
Aschermittwoch Punkt 4 Uhr beginnt der Umzug. Im Morgengrauen
drängen die Besucher in die Wirtschaften, die traditionell Mehlsup-
pe, Zwiebel- und Käsewaien anbieten.

Menge für eine Tarteform Ø 26/30 cm

Teig
150 g Mehl, gesiebt
1 große Prise Salz
75 g Butter, kalt und
in kleine Würfel zerteilt
25 ml Wasser, kalt (2 EL)
1 EL Essig

Außerdem
Mehl zum Arbeiten
Butter für die Form

Belag
100 ml Milch, 3,5% Fettgehalt
1 EL Speisestärke (9 g)
3 Eier
2 Eigelb
250 g Crème double
Salz
Pfeffer aus der Mühle
Muskatnuß, gerieben
Paprikapulver, edelsüß
150 g Greyerzer, gerieben
150 g Appenzeller, gerieben
50 g Sbrinz, gerieben

Zubereitung

- Für den Wäheteig Mehl und Salz auf der Arbeitsplatte mischen.
- Die kalten Butterwürfel dazugeben und die Masse mit den Händen verreiben, bis sie gleichmäßig fein ist.
- Das kalte Wasser und den Essig dazugeben und den Teig rasch und gründlich zusammenkneten.
- Den Teig in Folie eingewickelt 30 Minuten im Kühlschrank ruhen lassen.
- In der Zwischenzeit für den Belag die Speisestärke mit der Milch verrühren. Eier und Eigelb darunter schlagen. Crème double hinzufügen und alles gründlich verquirlen. Mit Salz, Pfeffer, Muskat und Paprikapulver kräftig abschmecken.
- Den Backofen auf 240 °C vorheizen, den Rost auf der untersten Schiene einschieben.
- Die Form fetten. Den Wäheteig dünn ausrollen und die Form damit auslegen, dabei einen kleinen Rand hochziehen. Den Boden mit einer Gabel stippen.
- Den geriebenen Käse auf dem Boden verteilen und den Guß darüber geben.
- Die Wähe 25 - 30 Minuten backen.

▶ **Achtung:** Sollte die Wähe während des Backens zu dunkel werden, die Form mit Alufolie abdecken.

✔ **Heiß servieren.** Zur Käsewähe paßt hervorragend ein gut gekühlter, trockener Weißwein und ein frischer grüner Blattsalat.

18 Kastanienkuchen

Schwierigkeit: leicht, aber aufwändig – mittel – anspruchsvoll

Zeitaufwand ohne Wartezeiten, Kochen, Backen: **1½ Stunden**

Menge für eine Kastenform von 25 cm Länge

100 g Butter, weich
150 g Puderzucker, gesiebt
1 Päckchen Vanillezucker (8 g)
¼ TL Zimt
1 EL Rum
3 Eier
1 Prise Salz
150 g Walnußkerne, gemahlen
250 g Eßkastanien
oder Kastanienpüree (s.u.)

etwas heiße Milch
50 g Mehl
½ Päckchen Backpulver (8,5 g)

Außerdem
Butter für die Form
Puderzucker zum Bestäuben
oder Sahne zum Dekorieren

Zubereitung

- **Kastanienpüree:** Die Schalen der Kastanien kreuzweise ein-schneiden und die Kastanien gut 20 Minuten von Wasser bedeckt kochen lassen. Schalen und Häute entfernen und die Kastanien, unter Umständen unter Zufügen von etwas heißer Milch, im Mixer pürieren. Die Masse sollte sehr fest, aber glatt sein.

- Das Püree zum Abkühlen beiseite stellen.

▶ **Kraftaufwändige Variante:** die gekochten und geschälten Kastanien in noch heißem Zustand durch eine Spätzlepresse drücken und anschließend mit dem Handmixer mit etwas heißer Milch glatt rühren.

▶ **Einfache Variante:** Man nimmt Kastanienpüree aus der Dose. Dann verkürzt sich die Arbeitszeit erheblich, da das Kochen, Schälen und Pürieren der Kastanien entfällt.
  Oder Sie nehmen geschälte und fertig gekochte Kastanien im Vakuumpack, aus der Dose oder dem Glas und pürieren diese nur noch wie oben beschrieben.

- Die Form fetten und den Ofen auf 160 °C vorheizen, den Rost auf der zweiten Schiene von unten einschieben.

- Die Butter schaumig aufschlagen. Die Hälfte des Puderzuckers, den Vanillezucker, den Zimt und den Rum zufügen und alles zusammen zu einer weißschaumigen Masse rühren.

- Die Eier trennen und das Eigelb unterschlagen.

- Die gemahlenen Walnußkerne und das Kastanienpüree unterrühren.

- Das Mehl und das Backpulver mischen, sieben und unterheben.

- Das Eiweiß mit der Prise Salz und der anderen Hälfte des Puderzuckers steif schlagen und mit einem Spatel unter die Kastanienmasse heben.

- Den Teig in die Form füllen, glatt streichen und 45 - 55 Minuten backen.

- Den Kuchen 10 Minuten in der Form ruhen lassen, dann herausnehmen und vollständig erkalten lassen.

✔ Mit wenig Puderzucker überstäubt oder mit einer Dekoration aus Sahnerosetten servieren.

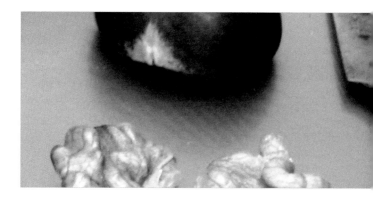

19   Kirschplotzer

Schwierigkeit: leicht – mittel – anspruchsvoll

Zeitaufwand ohne Wartezeiten, Kochen, Backen: **1 Stunde**

▶ **Der Kirschplotzer** gehört zu den Klassikern unter den rustikalen badischen Landkuchen. Idealerweise nimmt man kleine, schwarze und vollreife Kirschen, die mit Stein gebacken werden. Zum Dekorieren eignen sich eher dunkelrote Mehrkaräter mit Stiel.

Zutaten für eine konische Springform Ø 28/32 cm

1250 g Kirschen, möglichst kleine schwarze (mit Stein)
150 g Butter, weich
50 g Marzipanrohmasse, zerkrümelt
5 Eigelb
1 EL Zitronensaft
1 EL Zimt
1 Messerspitze Kardamom
1 Messerspitze gem. Nelken
1 gehäufter EL Kakao (10 g)

400 g Löffelbiskuits – möglichst französische, da diese weicher sind und keine so harte Zuckerkruste haben.

70 g Nüsse (Haselnüsse oder Walnüsse)
10 cl Milch
2 Becher Sahne (400 g)
1 Schnapsglas Kirschwasser (3 cl)
5 Eiweiß
1 Prise Salz
80 g Zucker
2 EL Vanillezucker (24 g)

50 g dunkle Kuvertüre
Puderzucker zum Bestäuben

Butter für die Form

Zubereitung

- 12 schöne Kirschen mit Stiel für die Dekoration beiseite legen. Die übrigen Kirschen waschen, entstielen und trocken tupfen.

- Die weiche Butter zusammen mit der zerkrümelten Marzipanrohmasse schaumig rühren. Das Eigelb nach und nach unterrühren. Zitronensaft hinzufügen. Die Gewürze mischen, sieben und ebenfalls hinzugeben.

- Den Ofen auf 200 °C vorheizen, den Rost auf der zweiten Schiene von unten einschieben.

- Die Löffelbiskuits zerbröseln, die Nüsse grob mahlen, die Milch erhitzen und die Sahne steif schlagen. In einer großen Rührschüssel die Löffelbiskuits mit den Nüssen vermischen, die heiße Milch unterrühren, dann die Sahne und das Kirschwasser untermengen.

- Die aufgeschlagene Fettmasse unter die Biskuitmasse rühren.

- Das Eiweiß mit der Prise Salz steif schlagen, dabei nach und nach den Zucker einrieseln lassen.

- Den Eischnee, dann die Kirschen unterheben.

- Die Form fetten, den Teig einfüllen, glatt streichen und 60 - 70 Minuten backen; nach der Hälfte der Backzeit mit Alufolie abdecken.

- Den Kuchen nach dem Backen 10 Minuten ruhen lassen, dann aus der Form nehmen und vollständig abkühlen lassen.

- Die Kuvertüre im Wasserbad schmelzen.

- Den Kuchen dünn mit Puderzucker bestäuben. Dann mit einem langen Messer oder einem Tortenmarkierer 12 Stücke kennzeichnen.

- Die Kirschen für die Dekoration vorsichtig abreiben, bis zur Hälfte in Kuvertüre tauchen und auf je 1 Kuchenstück setzen.

20 Kirschentarte

Schwierigkeit: leicht – mittel – anspruchsvoll

Zeitaufwand ohne Wartezeiten, Kochen, Backen: **50 Min.**

Menge für eine Tarteform Ø 30 cm mit Hebeboden

Mürbeteig
210 g Mehl, Type 405, gesiebt
70 g Zucker
1 Päckchen Vanillezucker (8 g)
1 Prise Salz
120 g Butter, kalt und in kleine
Würfel zerteilt
1 Ei (M)

Belag
950 - 1000 g Süßkirschen
80 g Mandeln, gemahlen

Guß
3 Eier (M)
80 g Zucker

200 g saure Sahne, 10%
1 EL Zitronensaft

nach Belieben Puderzucker
zum Bestäuben

Außerdem
Mehl zum Arbeiten
Butter für die Form
Backtrennpapier in der Größe
eines Kreises etwas größer als
der Formdurchmesser und ge-
trocknete Hülsenfrüchte zum
Blindbacken (siehe S. 167)

Zubereitung

- Die Zutaten für den Mürbeteig rasch mit möglichst kalten Händen zusammenkneten und in Folie verpackt 1 Stunde kühl stellen. Die Form fetten.

- In der Zwischenzeit die Kirschen waschen, entstielen und entkernen.

- Den Backofen auf 200 °C vorheizen, den Rost auf der untersten Schiene einschieben.

- Den Mürbeteig auf der leicht mit Mehl bestäubten Arbeitsfläche ausrollen und die Tarteform damit auskleiden. Den Boden mit einer Gabel stippen.

- Ein Stück Backpapier, etwas größer als der Formdurchmesser, auf den Mürbeteig legen und in den Kanten vorsichtig andrücken. Die Hülsenfrüchte hineinschütten.

- Den Boden 10 Minuten blindbacken.

- Danach Papier und Hülsenfrüchte entfernen und für weitere 5 Minuten in den Ofen schieben.
- Die Form herausnehmen und den Boden etwas abkühlen lassen.
- Die gemahlenen Mandeln möglichst gleichmäßig auf den vorgebackenen Mürbeteigboden streuen. Die Kirschen darauf verteilen.
- Für den Guß zunächst die 3 Eier mit dem Zucker weißschaumig aufschlagen, dann die saure Sahne unterrühren und den Zitronensaft zufügen.
- Den Guß gleichmäßig über die Kirschen verteilen.
- Den Kuchen 45 bis 50 Minuten backen.
- Den fertiggebackenen Kuchen noch circa 10 Minuten in der Form stehen lassen, dann herausnehmen und auf einem Kuchengitter vollständig abkühlen lassen.

✔ Schmeckt hervorragend mit viel frischer Schlagsahne!

21   Linzertorte

Schwierigkeit: leicht – **erfordert etwas Übung** – anspruchsvoll
Zeitaufwand ohne Wartezeiten, Kochen, Backen: **1 Stunde**

▶ **Üblicherweise wird Linzertorte** nach dem Backen zunächst einige Zeit gelagert, damit sie schön mürbe wird. Die nach diesem Rezept gebackene Linzertorte kann aber gleich gegessen werden, sie bekommt wegen des hohen Butteranteils sofort eine mürbe Konsistenz. Allerdings entfalten sich die Aromen noch besser, wenn der gut ausgekühlte Kuchen in Alufolie oder einer gut schließenden Dose verpackt mindestens drei Tage gereift ist.

Menge für eine quadratische Form mit 30 cm Seitenlänge oder eine runde Springform Ø 30 cm

Teig und Belag
250 g Butter, weich
250 g Zucker
1 Päckchen Vanillezucker (8 g)
1 Prise Salz
2 Eier
250 g Nüsse (Haselnüsse, Walnüsse) und/oder Mandeln, fein gemahlen, in beliebigem Mengenverhältnis
250 g Weizenmehl Type 812, ein mittelhelles Brotmehl. Dieses Mehl gibt es nur in einem Mühlenladen. Alternativ: Weizenmehl Type 550.
1 gestrichener TL Backpulver (4 g)
1 gehäufter EL Kakao (10 g)
½ TL gemahlener Zimt (2 g)

1 Messerspitze gem. Nelken
1 Messerspitze gem. Ingwer
½ unbehandelte Zitrone, abgeriebene Schale
3 cl Kirschwasser (30 g, ein gut gefülltes Schnapsglas)
200 g Marmelade: nach Belieben eine Mischung aus Brombeeren, Himbeeren, Johannisbeeren, Waldbeeren oder Pflaumenmus. Auf alle Fälle eine säuerliche Marmelade.

Außerdem
1 Eigelb
1 EL Milch
1 Prise Zucker
1 Prise Salz
Mehl zum Arbeiten
Butter für die Form

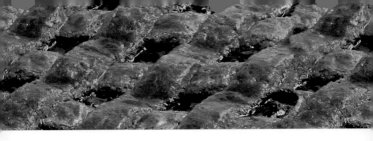

Zubereitung

- Butter, Zucker, Vanillezucker und Salz schaumig rühren.

- Die Eier nacheinander zugeben und gründlich unterrühren.

- Die Nüsse und/oder Mandeln unterrühren. Mehl, Backpulver, Kakao, Zimt, Nelken- und Ingwerpulver mischen, sieben und ebenfalls unterrühren. Zitronenschale und zuletzt das Kirschwasser dazugeben.

- Den Teig über Nacht zugedeckt im Kühlschrank ruhen lassen.

- 2/3 der Teigmenge mit der leicht bemehlten Hand in die ausgefettete Backform drücken. Die Marmelade glatt rühren und gleichmäßig darauf verstreichen.

- Den Backofen auf 180 °C vorheizen, den Rost auf die zweite Schiene von unten einschieben.

- Den restlichen Teig in einen Spritzbeutel mit mittelgroßer glatter Lochtülle füllen und zunächst ein Gitter und anschließend einen Rand aufspritzen.

- ▶ **Achtung:** Bei der Verwendung eines Spritzbeutels zum Auftragen des Gitters ist es ganz wichtig, daß die Nüsse fein gemahlen sind und keine größeren Nußstücke die Spritztülle verstopfen können.

- Das Eigelb mit der Milch, der Prise Zucker und dem Salz gut verquirlen und mit einem Pinsel auf Gitter und Rand der Linzertorte auftragen.

- ▶ **Tipp:** Wenn Sie den Kuchen vor dem Backen nochmals ½ Stunde kalt stellen, verfestigt sich der Teig wieder etwas und das Gitter behält beim Backen besser seine Form.

- Den Kuchen 35, höchstens 40 Minuten backen. Er sollte auf keinen Fall zu dunkel und zu trocken werden.

✔ **Dieser Weihnachtsklassiker** kann natürlich auch in mehreren kleineren Formen gebacken werden. Die Teigmenge reicht für zwei Springformen von je 24 cm Ø oder eine Springform von 24 cm Ø plus eine rechteckige Form von 34 x 11 cm.

✔ **In Cellophan verpackt,** mit roter Scheife und einem kleinen Tannenzweig dekoriert, ist eine Linzertorte ein Mitbringsel in der Vorweihnachtszeit, das immer paßt.

22 Mirabellenkuchen

Schwierigkeit: leicht – mittel – anspruchsvoll

Zeitaufwand ohne Wartezeiten, Kochen, Backen: **1 ¼ Std.**

Menge für eine konische Springform Ø 26/30 cm

Mürbeteig
200 g Mehl, gesiebt
50 g Zucker
1 Prise Salz
ein wenig geriebene Zitronenschale
1 Ei
125 g Butter, gekühlt und in
kleine Würfel geschnitten

Belag
900 g reife Mirabellen
3 Stück Zwieback
2 El gemahlene Mandeln (15 g)

30 g Butter
40 g Zucker
4 gehäufte EL Mandelblättchen
(35 g)

Guß
3 EL Aprikosenkonfitüre (100 g)
2 cl Mirabellengeist
oder -brand

Außerdem
Mehl zum Arbeiten
Butter für die Form

Zubereitung

- Die Zutaten für den Mürbeteig rasch mit möglichst kalten Händen zusammenkneten und den Teig in Folie verpackt 2 Stunden kühl stellen und ruhen lassen. Die Form fetten.

- In der Zwischenzeit die Mirabellen waschen und entsteinen. Die Früchte dazu zur Hälfte einschneiden, nicht durchschneiden.

- Den Mürbeteig dünn ausrollen und die gebutterte Springform damit auskleiden, dabei einen 2 cm hohen Rand hochziehen. Den Boden mit einer Gabel stippen.

- Den Backofen auf 200 °C vorheizen, den Rost auf der zweiten Schiene von unten einschieben.

- Die Zwiebackstücke in einen Gefrierbeutel geben und mit dem Wellholz fein zermahlen. Auf den Teigboden streuen und darauf die gemahlenen Mandeln verteilen.

- Die vorbereiteten Mirabellen dicht an dicht in die Form setzen, und zwar so, daß die Schnittstelle der Früchte nach oben zeigt, sodaß sie den Guß gut aufnehmen können.

- Die Butter, den Zucker und die Mandelblättchen in eine kleine Pfanne geben und so lange erhitzen, bis sich die Butter aufgelöst hat. Die Masse sollte jedoch nicht braun werden.

- Die Mandelblättchen mit Hilfe von zwei Löffeln gleichmäßig über die Mirabellen verteilen.

- Den Kuchen in den Ofen schieben, auf 180 °C herunterschalten und 45 bis 50 Minuten backen.
- Die Aprikosenkonfitüre durch ein Sieb streichen, dann aufkochen und mit dem Mirabellengeist bzw. -brand ablöschen. Diesen Guß mit einem Eßlöffel gleichmäßig über den heißen Kuchen träufeln.

✔ **Den Kuchen in der Form auskühlen lassen und mit viel Schlagsahne servieren.**

23 Rhabarberkuchen mit Baiser

Schwierigkeit: leicht – **mittel** – anspruchsvoll

Zeitaufwand ohne Wartezeiten, Kochen, Backen: **1½ Std.**

▶ **Rhabarber:** Sein hoher Gehalt an Oxalsäure macht Rhabarber nur bedingt genießbar. Die Säure, die in höherer Konzentration giftig ist, findet sich vor allem in den Blättern, weshalb nur die Stängel zum Verzehr geeignet sind. Da die Schale der Stängel die meiste Säure enthält, empfiehlt es sich, diese immer zu schälen. Der Oxalsäuregehalt der Pflanze steigt mit zunehmender Reifung. Daher sollte Rhabarber ab Mitte Juni nicht mehr geerntet und gegessen werden.

Menge für eine quadratische Form mit 30 cm Seitenlänge oder eine runde Springform Ø 30 cm

Mürbeteig
200 g Mehl, gesiebt
40 g Haselnüsse, gemahlen
120 g Butter, gekühlt und
in kleine Würfel geschnitten
40 g Zucker
1 Päckchen Vanillezucker (8 g)
1 Prise Salz
1 Ei

Belag
1 kg Rhabarber
150 g Zucker – einige EL davon mit dem kleingeschnittenen Rhabarber vermischt, den Rest für den Guß verwenden
4 kleine Meringenschalen (40 g)
40 g Haselnüsse, gemahlen

Guß
1 Ei
2 Eigelb
Restzucker vom Belag
1 Vanilleschote (das ausgekratzte Mark).
250 g Crème fraîche
35 g Speisestärke, gesiebt

Baiser
6 Eiweiß
1 Prise Salz
200 g Zucker

Außerdem
Mehl zum Arbeiten
Butter für die Form
Zum Blindbacken: Backpapier/ Butterbrotpapier und Hülsenfrüchte

Zubereitung

▶ **Den Rhabarber am Vortag schälen und in 1 bis 2 cm lange Stücke schneiden. Mit einigen EL Zucker vermischen und über Nacht in einem Sieb abtropfen lassen.**

- Die Zutaten für den Mürbeteig rasch mit möglichst kalten Händen zusammenkneten und in Folie verpackt mindestens 2 Stunden kühl stellen. Die Form fetten.

- Den Backofen auf 200 °C vorheizen, den Rost auf der untersten Schiene einschieben.

- Den Mürbeteig auf einer bemehlten Arbeitsfläche 5 mm dick ausrollen und die Form damit auskleiden, dabei einen Rand von circa 3 cm hochziehen, mit einer Gabel stippen. Ein ausreichend großes Stück Butterbrot- oder Backpapier in die Form legen, mit den Hülsenfrüchten beschweren und den Teig für 10 Minuten backen.

- Die Form aus dem Ofen nehmen, die Hülsenfrüchte und das Papier entfernen und den Boden nochmals 5 Minuten backen. Den Boden auskühlen lassen.

- Die Meringenschalen fein zerbröseln, mit den Haselnüssen mischen und gleichmäßig auf dem Mürbeteigboden verteilen.

- Den gut abgetropften Rhabarber darauf verteilen und die Form für 15 Minuten in den Ofen schieben.

- **Für den Guß:** Ei und Eigelb zusammen mit dem restlichen Zucker und dem Mark der Vanilleschote schaumig schlagen, dann die Crème fraîche und zuletzt die Speisestärke unterrühren.

- Den Guß über den Rhabarber geben, den Ofen auf 180 °C herunterschalten und den Kuchen nochmals 30 Minuten backen.

- Währenddessen die 6 Eiweiß mit der Prise Salz und dem Zucker, den man während des Schlagens nach und nach einrieseln läßt, sehr steif schlagen und die Masse in einen Spritzbeutel mit großer Sterntülle füllen.

- Den Kuchen aus dem Ofen nehmen, den Rost auf der zweiten Schiene von unten einschieben und den Ofen auf 100 °C herunterschalten.

- Die Eiweißmasse flächendeckend aufspritzen – beispielsweise gitterförmig oder auch in Form von aneinandergereihten Muscheln oder Rosetten.

- Den Kuchen in den Ofen schieben und das Baiser 60 Minuten trocknen lassen. Mit einem Kochlöffelstiel die Backofentür etwas geöffnet halten. Sollte das Baiser zu dunkel werden, eventuell nach 45 Minuten Backzeit mit einer Folie abdecken.

- Den Kuchen im ausgeschalteten Ofen mit leicht geöffneter Backofentür abkühlen lassen, dann aus der Form nehmen.

24 Rotweinkuchen

Schwierigkeit: leicht – mittel – anspruchsvoll

Zeitaufwand ohne Wartezeiten, Kochen, Backen: **1 Stunde**

▶ **Der Rotweinkuchen** wird gerne im Herbst und vor allem in der Weihnachtszeit gebacken. Daher wohl auch die weihnachtstypischen Gewürze wie Zimt und Nelken. Kakaopulver und Schokolade geben ihm seine dunkle Farbe. Nimmt man statt Schokoladenguß eine Weinglasur, darf der Rotwein nicht lieblich sein, sonst wird die Glasur zu süß.

**Zutaten für eine Springform Ø 26 cm
oder für eine andere flache Backform mit 3 l Inhalt**

250 g Butter, weich
200 g Zucker
1 Päckchen Vanillezucker (8 g)
5 Eigelb
50 g Marzipanrohmasse
300 g Mehl
1 Päckchen Backpulver (17 g)
1 ½ TL Zimt
1 EL Kakaopulver (7 g)
1 Messerspitze gemahlene
Nelken

250 ml trockenen Rotwein
1 EL Rum
150 g Schokolade, 64%, grob
geraspelt
5 Eiweiß
1 Prise Salz

300 g Zartbitterkuvertüre
1 Tafel weiße Schokolade
1 Tafel Vollmilchschokolade

Butter für die Form

Zubereitung

- Die Butter schaumig aufschlagen, dann die Hälfte des Zuckers und den Vanillezucker einrieseln lassen und weiterschlagen.

- Das Eigelb mit der in Stückchen zerpflückten Marzipanrohmasse mit Hilfe einer Gabel glatt rühren und das Ganze unter die Butter-Zucker-Masse rühren.

- Den Backofen auf 175 °C vorheizen, den Rost auf die zweite Schiene von unten einschieben. Die Form fetten.

- Das Mehl, das Backpulver, den Zimt, das Kakao- und das Nelkenpulver mischen, sieben und abwechselnd mit dem Rotwein in kleinen Portionen in die Butter-Zucker-Eigelb-Marzipan-Masse rühren.

- Den Rum und die geraspelte Schokolade unterrühren.

- Das Eiweiß mit der Prise Salz aufschlagen, nach und nach die zweite Hälfte des Zuckers einrieseln lassen und weiterschlagen, bis der Eischnee eine cremig-steife Konsistenz erhält.

- Den Eischnee mit einem Spatel unter den Teig heben, den Teig in die Form geben und glatt streichen.
- Den Kuchen 50 bis 60 Minuten backen, Stäbchenprobe machen.
- Den Kuchen nach dem Backen 10 Minuten in der Form stehen lassen, dann herausnehmen und völlig abkühlen lassen.
- Die Zartbitterkuvertüre nach Anleitung schmelzen und den Kuchen damit überziehen. Von der weißen Tafel Schokolade und der Vollmilchschokolade mit einem glatten Messer Späne abschaben und dekorativ in die noch feuchte Zartbitterkuvertüre legen.

▶ **Alternativ** ist auch ein Rotwein-Puderzucker-Guß möglich. Dazu 100 g gesiebten Puderzucker mit wenig Rotwein zu einer dickflüssigen glatten Glasur verrühren und den erkalteten Kuchen damit überziehen.

25   Schwarzwälder Gugelhupf

Schwierigkeit: leicht – mittel - anspruchsvoll

Zeitaufwand ohne Wartezeiten, Kochen, Backen: **1 Stunde**

Zutaten für eine Gugelhupfform von 2,5 l Inhalt

200 g Butter, weich
230 g Zucker
1 Päckchen Vanillezucker (8 g)
1 Prise Salz
5 Eier

400 g Mehl
1 Päckchen Backpulver (17 g)
125 ml Milch

75 g abgezogene, leicht geröstete und gehackte Mandeln

75 ml starker Kaffee oder Espresso
75 g Bitterschokolade, Kakaogehalt 70%
1 Glas Schattenmorellen (350 g Abtropfgewicht)
2 EL Kirschwasser (12 g)
20 g ganz fein gemahlene Mandeln

Butter und Mehl für die Form

Zubereitung

- Die Kirschen in ein Sieb schütten und gut abtropfen lassen. Dann die Kirschen mit den Händen ausdrücken, in eine flache Schüssel geben, mit dem Kirschwasser beträufeln und durchziehen lassen.

- Den Kaffee oder Espresso zubereiten und zum Abkühlen beiseite stellen. Die Schokolade in Stücke brechen und in einer Schüssel im Wasserbad schmelzen. Anschließend ebenfalls abkühlen lassen, dabei ab und zu umrühren.

- Die Butter schaumig schlagen. Zucker, Vanillezucker und Salz unterrühren. Die Eier nacheinander zugeben – immer erst nachdem ein Ei vollständig eingerührt ist, das nächste unterrühren.

- Mehl mit Backpulver mischen, sieben und im Wechsel mit der Milch in den Teig einarbeiten.

- Den Backofen auf 180 °C vorheizen, den Rost auf der zweiten Schiene von unten in den Ofen schieben. Die Form fetten und mit Mehl ausstäuben.

- Den Teig in zwei Hälften teilen. In die eine Hälfte die gehackten Mandeln, in die andere die geschmolzene Schokolade und den Kaffee rühren.

- Die marinierten Kirschen in den fein gemahlenen Mandeln wälzen.

- Die helle und die dunkle Teigmasse abwechselnd in die Gugelhupfform schichten; dabei die Kirschen zwischen die Schichten legen und anschließend eine Gabel vorsichtig spiralförmig durch die Teigschichten ziehen.

- Den Kuchen 55 - 60 Minuten backen.

- Den fertig gebackenen Kuchen 10 Minuten in der Form ruhen lassen, dann stürzen.

✔ **Vor dem Servieren** den Gugelhupf mit Puderzucker überstäuben oder einfach pur genießen. Auch ein Guß aus Schokoladenkuvertüre paßt hervorragend und hält den Gugelhupf lange frisch.

26   Speckgugelhupf

Schwierigkeit: leicht – mittel - anspruchsvoll

Zeitaufwand ohne Wartezeiten, Kochen, Backen: **1 Stunde**

Zeitaufwand ohne Wartezeiten, Kochen, Backen: **1 Stunde**

(Dieses Rezept ist einfach, braucht jedoch einige Zeit, da der Teig mehrmals gehen muß.)

Menge für eine Gugelhupfform mit 3 l Inhalt

520 g Weizenmehl Type 550, gesiebt
180 g Milch (3,5 % Fettgehalt)
30 g Frischhefe
40 g Zucker
10 g Salz
120 g Butter, in Würfel zerteilt
2 Eier
200 g Speck, in kleine Würfel geschnitten

30 g Zwiebeln, fein gewürfelt
50 g Walnußkerne, gehackt

Walnußviertel, Menge entsprechend der Anzahl der Rillen der Gugelhupfform.

Butter für die Form

Zubereitung

▶ Alle Zutaten sollten bei ihrer Verarbeitung Zimmertemperatur haben, also frühzeitig am Arbeitsplatz bereitstellen.

- Die Milch in einem größeren Topf auf Handwärme erwärmen, dann die zerbröckelte Hefe, 4 EL des Mehls und einen halben TL des Zuckers in die Milch geben und alles glatt rühren. Diesen Vorteig mit einem Handtuch abdecken und 30 Minuten an einem warmen Ort gehen lassen – beispielsweise in dem auf 50 °C vorgeheizten Backofen.

- Das Mehl in eine Schüssel geben und den restlichen Zucker, das Salz, die Butter, die Eier und den Hefevorteig hinzufügen. Alles miteinander verkneten. Den Teig so lange schlagen, bis er sich vom Schüsselrand löst und glatt und glänzend ist. Die Schüssel abdecken und den Teig erneut 60 Minuten gehen lassen.

- In der Zwischenzeit die Form ausbuttern und in jede Vertiefung ein Viertel einer Walnuß legen.

- Den Speck in einer Pfanne auslassen, die Speckwürfel herausnehmen und in dem verbleibenden Fett die Zwiebelwürfel andünsten. Die Zwiebelwürfel zusammen mit dem Speck abkühlen lassen.

- Den Teig erneut kneten, dann Speck- und Zwiebelwürfel und zum Schluß die gehackten Walnußkerne einarbeiten.

- Den Teig in die Gugelhupfform füllen und abgedeckt nochmals 30 Minuten gehen lassen.

- Den Backofen auf 190 °C vorheizen.

- Den Kuchen auf der zweiten Schiene von unten 30 bis 35 Minuten backen.

- Den Kuchen nach dem Backen 10 Minuten in der Form stehen lassen, dann stürzen und völlig auskühlen lassen.

27 Schwarzwälder Kirschtorte

Schwierigkeit: leicht – mittel - **anspruchsvoll**

Zeitaufwand ohne Wartezeiten, Kochen, Backen: **2 Stunden**

▶ **Der Erfolg der** Schwarzwälder Kirschtorte ist unumstritten, über ihre Herkunft wird schon lange diskutiert: Bad Godesberger Studenten dürften 1915 die erste Schwarzwälder Kirschtorte im Café Aigner gekostet haben – Sahne und Kirschen mitten im Krieg! Der langlebige Schöpfer der Köstlichkeit hieß wohl Josef Keller (1887-1981). 1919 eröffnete er in seiner Heimatstadt Radolfzell das Café Keller. Vom Bodensee und über Tübingen (Café Walz 1930) gelangte die Torte mit dem Aufkommen der Kühlschränke erst in Großstädte wie Berlin und schließlich in die touristische Heimat der Kirschwasserbrenner. (*Recherchiert vom Autor Peter Peter*)

Menge für eine Springform von Ø 26 cm

Mürbeteigboden
185 g Mehl, gesiebt
90 g Butter, kalt und in Würfel geschnitten
60 g Puderzucker, gesiebt
1 Prise Salz
1 Eigelb
4 EL Kirschgelee oder -marmelade, glattgerührt bzw. passiert

Wiener Boden
7 Eier
200 g Zucker
50 g Butter
150 g Mehl
50 g Speisestärke
35 g Kakao

Füllung
1 Glas Sauerkirschen mit Saft (350 g Abtropfgewicht)
30 g Zucker
½ TL Zimt
2 gestrichene EL Speisestärke (18 g)
1 EL Kirschwasser, 40 % (9 g)
1000 g Schlagsahne
65 g Zucker
1 Päckchen Gelatinepulver (9 g)
80 ml Kirschwasser, 40 %

Tränke
60 ml Kirschwasser, 40 %
für 40 ml Läuterzucker:
25 ml Wasser
25 g Zucker

Dekoration
1 Tafel Zartbitterschokolade (100 g), z.B. die 70 %ige von *Lindt.*

Außerdem
Mehl zum Ausrollen des Mürbeteigs
Backpapier für das Backblech zum Backen des Mürbteigbodens und für die Springform zum Backen des Wiener Bodens.

✔ **Eine kleine Prise Zimt- und Nelkenpulver** in den Wiener Boden gerührt, verleiht der Schwarzwälder Kirschtorte eine dezent-weihnachtliche Note.

Zubereitung

▶ **Den Wiener Boden am Vortag zubereiten, er läßt sich dann zum Füllen der Torte besser schneiden.**

- Für den Wiener Boden die Eier zusammen mit dem Zucker in einen weiten Topf geben und mit einem Schneebesen verquirlen. Die Ei-Zucker-Masse auf mittlerer Hitze unter ständigem Rühren erwärmen. Dabei verflüssigt sich die Mischung etwas. Sie sollte jedoch nur handwarm werden, da die Eier bei größerer Hitze stocken.

- Die Masse in die Schüssel einer Küchenmaschine umfüllen und so lange mit dem Schneebesen schlagen, bis sie wieder kühl ist und einen guten Stand hat – das dauert 8 bis 10 Minuten. Das Ganze geht natürlich auch mit einer normalen Rührschüssel und einem Handmixer.

- In der Zwischenzeit die Butter auf kleiner Hitze schmelzen, aber nicht heiß werden lassen.

- Den Ofen auf 190 °C vorheizen.

- Für den Springformboden das Backtrennpaper passend zuschneiden und einlegen; die Ränder der Form auf keinen Fall fetten!

- Das Mehl mit der Speisestärke und dem Kakao mischen, alles auf die aufgeschlagene Ei-Zucker-Mischung sieben und vorsichtig, aber zügig mit einem Spatel unterheben – dabei so wenig Luft wie nur irgend möglich herausrühren. Gegen Ende die flüssige Butter unterziehen.

- Die Masse in die Springform füllen, glatt streichen und auf der zweiten Schiene von unten circa 30 Minuten backen.

- Den Boden 10 Minuten ruhen lassen, dann zum Auskühlen aus der Form nehmen.

- Die Zutaten für den Mürbeteigboden rasch mit möglichst kalten Händen zusammenkneten und abgedeckt mindestens 1 Stunde kühl stellen.

- Für die Füllung die Sauerkirschen abtropfen lassen, den Saft auffangen und 250 ml davon abmessen. Den Saft mit dem Zucker und dem Zimt aufkochen; die Speisestärke mit 3 EL Wasser glatt rühren, in den Kirschsaft einrühren und einmal aufkochen lassen.

- 16 Kirschen für die Dekoration beiseite legen, die restlichen Kirschen und den EL Kirschwasser vorsichtig in den angedickten Saft einrühren. Völlig abkühlen lassen.

- Für die Tränke des Bodens zunächst den Läuterzucker herstellen. Dafür 25 ml Wasser mit 25 g Zucker aufkochen und 1 Minute kochen lassen; kurz abkühlen lassen und mit dem Kirschwasser mischen. Beiseite stellen.

- Den Backofen auf 190 °C vorheizen, den Rost in die Mitte einschieben.

- Den Mürbeteig ganz dünn ausrollen. Der ausgerollte Teig sollte etwas größer als der Tortendurchmesser sein. Dann die Teigplatte auf ein Backpapier legen, mit einer Gabel stippen und 10 bis 12 Minuten backen; vorsichtig vom Blech nehmen und völlig auskühlen lassen.

- Für die Füllung die Sahne mit dem Zucker in einer Rührschüssel steif schlagen.

- Die Gelatine mit 3 EL Wasser in einem kleinen Topf auf dem Herd vorsichtig erwärmen, bis sie sich aufgelöst hat. Das Kirschwasser dazugeben und 3 El der steifgeschlagenen Sahne unterrühren.

Das Gelatinegemisch mit einem Schneebesen flott und gleich-
mässig unter die Sahne ziehen.

- Für die Dekoration einen Teil der Sahne in einen Spritzbeutel
  füllen und kühlen.

Zusammensetzen der Torte

- Den Mürbeteigboden auf eine flache Tortenplatte legen und mit
  der Marmelade bestreichen.

- Den Wiener Boden zweimal waagerecht durchschneiden und den
  unteren Boden auf die Mürbeteigplatte legen, etwas andrücken.

- Einen verstellbaren Tortenring um den Wiener Boden legen, den
  Ring stramm anziehen. Mit beiden Händen mit Druck Stück für
  Stück den Mürbeboden auf die Größe des Tortenrings aussste-
  chen.

- Die Hälfte der Tränke mit Hilfe eines Pinsels auf dem Boden verteilen.

- Nun die Kirschmasse ringförmig auf den Boden geben, dabei

nicht zu weit zum Rand hin verstreichen und auch die Mitte aussparen – so läßt sich die Torte besser schneiden.

- Mit der Sahne die freien Stellen auffüllen und über die Kirschen streichen, sodaß diese bedeckt sind.

- Den zweiten Boden auflegen, leicht andrücken und mit dem Rest der Tränke befeuchten.

- Eine weitere Schicht Schlagsahne darauf verstreichen und den Deckel des Wiener Bodens mit der Oberseite nach unten auflegen.

- Etwas Sahne auf der Oberseite verstreichen, dann die Torte für mindestens 2 Stunden kühl stellen.

- Für die Dekoration mit einem großen Messer mit glatter Klinge von der Schokoladentafel Schokospäne abschaben. Diese bis zur Verwendung kühl stellen.

- Die Torte aus dem Kühlschrank nehmen, mit einem Messer am Innenrand des Tortenringes entlang fahren und den Ring nach oben abziehen.

- Mit einer Palette die ganze Torte mit Sahne überziehen und glatt streichen.

- Mit einem Tortenmarkierer (16er Einteilung) oder mit einem großen glatten Messer die Stückeeinteilung vornehmen und mit der übrigen Sahne im Spritzbeutel mit großer Sterntülle 16 Rosetten aufspritzen, die Kirschen darauf setzen und die Schokospäne in die Mitte der Schwarzwälder Kirschtorte streuen.

▶ **Schwarzwälder Kirschtorte für Puristen:** Man nehme statt Sauerkirschen mehrere Tage in Kirschwasser eingelegte kleine Wildkirschen – Wildkirschen stehen vereinzelt noch ganz oben am Waldrand (oder einfacher zu finden: Brennkirschen) – und verzichte ganz auf Gelatine! **Diese Kirschtorte wird vormittags montiert und nachmittags mit guten Freunden restlos aufgegessen!**

28   Springerle

Schwierigkeit: leicht – mittel - **anspruchsvoll**

Zeitaufwand: Zum Zeitaufwand ist eine genaue Angabe kaum möglich, da die Arbeitsdauer maßgeblich vom Geschick und der Routine der Bäckerin / des Bäckers abhängt.

▶ **Springerle** sind traditionelle Anisplätzchen aus einem Eierschaumteig. Sie gehören wie Spekulatius zum Bildgebäck. Springerle sind heute in Süddeutschland, dem Elsass, der Schweiz und Teilen von Österreich und Ungarn als Weihnachtsgebäck bekannt.

Zutaten

4 Eier der Größe M - die Eier sollten aufgeschlagen ein Gewicht von 190 bis 200 g haben
500 g Puderzucker, gesiebt
1 Esslöffel Kirschwasser
1 Messerspitze Hirschhornsalz
470 (bis 500) g Weizenmehl, Type 405, gesiebt
2 EL Anissamen

Außerdem

Mehl zum Arbeiten
2 Bögen Backpapier
Springerlemodel
ein weicher Backpinsel
2 Kanthölzer, je 1 cm hoch

Zubereitung

Bei der Zubereitung von Springerle ist der Einsatz einer Küchenmaschine von Vorteil, weil der Teig sehr lange gerührt werden muss. Das Ganze geht natürlich auch mit dem Handmixer, da tun aber mit der Zeit unter Umständen die Arme weh.

- Alle Zutaten – vor allem die Eier – vor Arbeitsbeginn mehrere Stunden in die warme Küche legen. Die Zutaten sollten alle die gleiche Temperatur haben.
- Zunächst die Eier, am besten in einer Küchenmaschine, auf höchster Stufe 10 Minuten lang rühren, bis die Eimasse sehr schaumig ist.
- Dann die Geschwindigkeit auf die niedrigste Rührstufe reduzieren und den gesiebten Puderzucker esslöffelweise dazugeben. Sobald der Puderzucker eingearbeitet ist, die Geschwindigkeit wieder auf Maximum stellen und den Teig weitere 10 Minuten rühren.
- Nach diesen 10 Minuten Rührzeit das im Kirschwasser aufgelöste Hirschhornsalz dazugeben und 20 Minuten weiterrühren.
- Die Geschwindigkeit auf Minimum reduzieren und das gesiebte Mehl esslöffelweise – bis auf gut 5 bis 6 gehäufte Esslöffel – unterrühren.
- Den Teig aus der Schüssel auf eine mit Mehl bestäubte Arbeitsfläche geben und von Hand weiterarbeiten.
- Für den folgenden Arbeitsschritt muss man etwas Gefühl entwik-

keln. Kneten Sie nur noch soviel Mehl von den verbliebenen 5 bis 6 Esslöffeln unter, bis der Teig nicht mehr klebt, aber noch weich ist.

- Den Teig in zwei Portionen teilen und zwei schöne Kugeln mit glatter Oberfläche formen. Die glatte Oberfläche ist wichtig, damit die Profilbildchen der Model gut zur Geltung kommen. Die zwei Teigkugeln etwas flach drücken, in zwei Gefrierbeutel verpacken, gut verschließen und 1 Stunde in den Kühlschrank legen.
- Zwei Backbleche mit Backpapier auslegen und mit jeweils 1 EL Anissamen so gleichmäßig wie möglich bestreuen.
- Die Arbeitsfläche wieder dünn mit Mehl bestäuben und eine der beiden Teigportionen - am besten mit Hilfe der Kanthölzer - 1 cm dick ausrollen. Die andere Teigportion im Kühlsschrank lassen.
- Die Teigoberfläche dünn mit Mehl bestäuben und dieses mit Gefühl in den Teig „einmassieren". Das Model mit etwas Mehl bestäuben und mit gleichmäßigem Druck auf den Teig pressen, jedoch nur so stark, dass das Relief gut sichtbar ist. Mit einem

passenden Ausstecher oder einem Teigrädchen die Springerle ausschneiden bzw. ausrädeln. Überschüssiges Mehl mit einem weichen Backpinsel von den Springerle entfernen und die Springerle auf das mit Anissamen bestreute Backblech legen.
- Die Springerle über Nacht an einem warmen Ort trocknen lassen, jedoch nicht länger als 24 Stunden.

✔ **Tipp:** Den Teig so ausmodeln, dass so wenig Teigreste wie nur möglich entstehen, da der Teig mit jedem neuen Zusammenkneten fester wird.

Backen am nächsten Tag

- Den Backofen auf 150 °C (Ober-Unter-Hitze) vorheizen.
- Wichtig: Kurz bevor man die Springerle in den Ofen schiebt, jedes Springerle kurz auf ein feuchtes Tuch stippen. Die Unterseite der Springerle soll dabei gleichmäßig feucht werden.
- Die Springerle auf der 2. Schiene von unten 15 bis max. 18 Minuten backen. Sie sollten oben ganz hell bleiben und unten nur einen Hauch von Farbe annehmen. Am besten man stellt den Küchenwecker zunächst auf 15 Minuten und verlängert die Backzeit nach Bedarf nochmals um 2, dann um 1 Minute.
- Die Springerle vollständig auskühlen lassen und zur Aufbewahrung in eine gut schließende Dose geben.

✔ Die nach diesem Rezept gebackenen Springerle sind sofort weich und müssen nicht erst gelagert werden.

Springerlemodel – Vielleicht haben Sie ja noch richtig alte Holzmodel von der Großmutter oder vom Flohmarkt. Sollte das nicht der Fall sein, können Sie von der Schweizer Firma *Änis-Paradies* (www.springerle.com) in Gießharz nachgebildete Model nach neuen und alten historischen Stücken kaufen. Mit ihnen läßt sich hervorragend arbeiten. Das Material ist zwar nicht so ansprechend wie Holz, dafür läßt es sich völlig problemlos reinigen und verzieht sich auch nicht, wenn es naß wird.

Alte Holzmodel von Großmutter

Von der Verwendung der groben Model, die industriell hergestellt sind und oft auf Weihnachtsmärkten verkauft werden, rate ich ab. Wenn man sich schon die Mühe macht, Springerle selbst zu backen, sollten sie auch richtig schön werden!

Kanthölzer – Falls Sie im Ausrollen von Teigen nicht sehr geübt sind, ist die Verwendung von Profilhölzern eine simple, aber große Hilfe, um der ausgerollten Teigplatte eine völlig gleichmäßige Höhe zu geben. Das ist erstens wichtig, damit die einzelnen Springerle beim Backvorgang nicht verschieden schnell bräunen und zweitens, damit sie nicht vom „Füßchen" rutschen, also schief werden. Diese Kanthölzer kann man auch bei Änis-Paradies beziehen, sie gibt es jedoch viel kostengünstiger in jedem Baumarkt. Und dort kann man sich die Hölzer auch gleich auf die gewünschte Länge zuschneiden lassen.

**In einem Basler Kochbuch aus dem Jahr 1824 findet
sich folgendes Rezept für die Springerlezubereitung:**

„Nimm vom Mehl ein Pfund, siebe es fein und stell es
über Nacht ins Ofenloch. Nimm ein Pfund trockenen
Zucker und vier Eier, aber grosse; zwei Löffel ausgeblasenen
Änis, wenn Du es fein haben willst, sollst Du ihn
im Ofen bähen [= rösten, erwärmen]. Vom alten Baselbieter
Kirsch zwei Esslöffel (lupft sie gut und vertreibt
den Eiergeschmack).

Zucker, Eier und Änis lass vom ältesten Buben rühren,
dann vom zweitältesten, dann vom dritten, zusammen
wenigstens eine halbe Stunde, dann gib das Chriesiwasser
dazu, schaffe das Mehl darunter und wirke den
Teig auf dem Wallbrett, bis er schön verbunden ist.
Wälle den Teig aus, aber nicht zu dünn, und drücke mit
Sorgsamkeit und Kraft die Model auf.

Hernach alles auf mehlbestäubtem Brett 24 Stunden
an die Wärme gestellt und dann bei schwacher Hitze
backen. Um sie schön weiss zu haben, stäube vor dem
Backen Mehl darauf und blase es nachher weg.

Kriegen sie keine Füsschen, so schimpfe die Buben
aus oder die Stubenmagd: War schlecht gerührt oder
Durchzug in der Stube. *Änisbrötli ohne Fuessli sind ein
Ärgernis."*

29 Stachelbeerkuchen

Schwierigkeit: leicht – mittel - anspruchsvoll

Zeitaufwand ohne Wartezeiten, Kochen, Backen: **1 Stunde**

Menge für eine konische Springform Ø 26/30 cm

Mürbeteig
250 g Mehl, gesiebt
30 g geriebene Mandeln
90 g Puderzucker, gesiebt
1 Päckchen Vanillezucker (8 g)
1 Prise Salz
1 Ei
150 g Butter, gekühlt und in kleine Würfel geschnitten

Belag
750 g Stachelbeeren
3 Eier
1 Prise Salz
200 g Zucker
2 EL Biskuitbrösel (20 g)
100 g Mandeln, abgezogen, leicht geröstet und gemahlen
Puderzucker zum Überstäuben

Außerdem
Mehl zum Arbeiten
Butter für die Form

Zubereitung

- Die Zutaten für den Mürbeteig rasch mit möglichst kalten Händen zusammenkneten. Den Teig in Folie verpackt 2 bis 3 Stunden kühl stellen.

- Die Stachelbeeren waschen, Stiel und Blütenansatz entfernen und in einem Sieb gut abtropfen lassen.

- Den Backofen auf 180 °C vorheizen, den Rost auf der untersten Schiene einschieben.

- Die Form fetten und mit dem Mürbeteig auskleiden, dabei einen circa 3 cm hohen Rand formen. Mit einer Gabel stippen.

- Die Eier trennen und das Eiweiß mit der Prise Salz in einer Schüssel sehr steif schlagen, die Hälfte des Zuckers nach und nach einrieseln lassen.

- Das Eigelb mit der anderen Hälfte des Zuckers schaumig rühren. Dann die Biskuitbrösel und die gemahlenen Mandeln untermischen, 1/3 des Eischnees unterziehen, die Beeren beigeben und zusammen mit dem Rest des Eischnees unterheben. Die Masse auf dem Mürbeteigboden glatt streichen.

- Den Kuchen 45 - 55 Minuten backen. Sollte die Oberfläche zu dunkel werden, nach 30 bis 40 Minuten Backzeit mit einer Alufolie abdecken.

- Für einige Minuten in der Form stehen lassen, dann herausnehmen und völlig auskühlen lassen.

- Vor dem Servieren mit Puderzucker überstäuben.

✔ **Mit viel frischer Schlagsahne servieren.**

30 Trauben- oder Obstkuchen
mit Rührteig und Baiser

Schwierigkeit: leicht – mittel - anspruchsvoll

Zeitaufwand ohne Wartezeiten, Kochen, Backen: **45 Min.**

▶ **‚Der' Kuchen für Anfänger:** ein versunkener Obstkuchen mit Rührteig braucht keine Vorbereitungszeit, ist einfachst zu machen und schmeckt jedem. Falls keine Trauben zur Hand sind, nimmt man eben Äpfel, Rhabarber oder ein anderes Obst. Schmeckt genauso gut.

Menge für eine Springform Ø 28 cm

Rührteig
150 g Butter, weich
100 g Zucker, fein
1 Prise Salz
3 ganze Eier
½ TL Schalenabrieb einer unbehandelten Zitrone
220 g Weizenmehl, Type 405
1 gehäufter TL Backpulver (8 g)

Obst
500 g Trauben (bzw. ein anderes Obst nach Wahl)

Baiser
3 Eiweiß
1 Prise Salz
125 g Zucker, fein
75 g Walnusskerne, fein gemahlen

Außerdem
Butter für die Backform
evtl. Puderzucker zum Überstäuben

✔ **Tipp:** Sie können den Kuchen auch in einer eckigen Backform oder in einem Backrahmen backen. Dieser sollte die Maße 20 x 30 cm haben.

Bei Verwendung eines Backrahmens brauchen Sie Backpapier für das Backblech, auf das der Backrahmen gestellt wird, und Butter für den Backrahmen selbst.

Zubereitung

- Die Trauben waschen, von den Rispen zupfen und trockentupfen. Oder Äpfel, Rhabarber etc. in dünne Scheiben schneiden.

- Den Backofen auf 170 °C vorheizen, den Rost auf der zweiten Schiene von unten einschieben, so daß der Kuchen in der Backofenmitte steht. Die Form fetten.

- Für den Rührteig die weiche Butter zusammen mit dem Zucker und der Prise Salz hell-cremig aufschlagen. Die drei Eier (Eigelb und Eiweiß) nacheinander unterrühren, dann den Zitronenschalenabrieb zufügen. Mehl und Backpulver zusammen sieben und unter die Butter-Eigelb-Masse rühren (nicht zu lange rühren, sonst wird der Teig fest).

- Den Teig in die Form geben und glatt streichen.

- Für das Baiser das Eiweiß mit der Prise Salz steif schlagen, den Zucker einrieseln lassen und weiterschlagen, bis die Masse sehr fest ist und glänzt. Dann die gemahlenen Walnusskerne unterheben.

278

- Die Trauben auf dem Rührteig in der Form gleichmäßig verteilen, dabei die Mitte aussparen. Dann die Baisermasse darüber verstreichen.

- Den Kuchen 45 bis 55 Minuten backen. Falls das Baiser zu dunkel werden sollte, den Kuchen mit einem Stück Alufolie abdecken.

- Nach Ende der Backzeit den Kuchen noch 10 Minuten in der Form stehen lassen, dann herausnehmen und auf einem Kuchengitter vollständig abkühlen lassen.

✔ Nach Belieben leicht mit Puderzucker überstäuben und mit frischer Schlagsahne servieren.

31 Traubenkuchen
mit Quark-Öl-Teig

Schwierigkeit: leicht – mittel – anspruchsvoll

Zeitaufwand ohne Wartezeiten, Kochen, Backen: **45 Min.**

Menge für eine konische Tarteform Ø 26/30 cm

Quark-Öl-Teig
80 g Magerquark 10 %, Molke abgeschüttet (siehe S. 251)
70 g Zucker
1 Päckchen Vanillezucker (8 g)
1 Ei
40 g Öl, z.B. Rapsöl (siehe S. 251)
3 EL Milch (35 g)
220 g Mehl
1 TL Backpulver (4 g)
1 Prise Salz
½ unbehandelte Zitrone, abgeriebene Schale

Belag
500 g Trauben, helle und dunkle nach Belieben, am besten eine kernlose Sorte

Guß
1 TL Speisestärke (3 g)
400 g Sauerrahm, 10 %
60 g Zucker
1 Päckchen Vanillezucker (8 g)
1 Ei

Außerdem
Mehl zum Arbeiten
Öl und Backpapier für die Form
Puderzucker zum Bestäuben

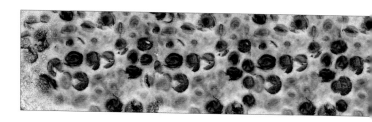

Zubereitung

- Die Trauben waschen und, falls es keine kernlose Sorte ist, die Beeren halbieren und entkernen.

- Für den Teig in einer Rührschüssel Magerquark mit Zucker, Vanillezucker und dem Ei verrühren.

- Nach und nach das Öl und die Milch dazugeben.

- Das Mehl mit dem Backpulver mischen, sieben und zusammen mit dem Salz und der abgeriebenen Zitronenschale unter die Quarkmischung arbeiten. Das Ganze zu einem geschmeidigen Teig kneten. Diesen 10 Minuten ruhen lassen.

- Den Backofen auf 200 °C vorheizen, den Rost auf die zweite Schiene von unten einschieben.

- Den Boden der Tarteform mit einem passend zugeschnittenen Stück Backpapier auslegen und den Rand der Form mit Öl einstreichen.

- Für den Guß die Speisestärke, den Sauerrahm, den Zucker, den Vanillezucker und das Ei zusammen glatt rühren.

- Den Teig auf der mit Mehl bestäubten Arbeitsfläche ausrollen, in die Tarteform legen und einen kleinen Rand hochziehen. Den Teigboden mit einer Gabel mehrmals einstechen.

- Die Trauben auf dem Teigboden verteilen und mit dem Guß begießen, glatt streichen.

- Den Kuchen 40 bis 45 Minuten backen.

- Nach dem Erkalten den Kuchen am Rand leicht mit Puderzucker bestäuben.

▶ **Wichtig beim Quark-Öl-Teig:** Nur geschmacksneutrales Speiseöl verwenden, zum Beispiel Rapsöl. Der Quark muß trocken sein. Magerquark ist besonders geeignet.

▶ **Ein kleiner Trick zum Abschütten der Molke:** Man piekst die Deckelfolie der Quarkpackung mit einem spitzen Gegenstand (etwa einem Dreizack zum Pellkartoffelnschälen) mehrfach ein, und läßt die Quarkpackung (z. B. auf einem Geschirr-Abtropfgestell) mehrere Stunden umgedreht liegen, um die Molke ablaufen zu lassen. Damit spart man sich das aufwändigere Auspressen des Quarks in einem Mulltuch.

▶ **Der Quark-Öl-Teig ist vielseitig einsetzbar:** Etwa anstelle eines Hefeteigs für Obstkuchen, oder auch als Pizzateig. Häufig wird er als Grundlage für Blechkuchen verwendet, sehr beliebt mit einem Belag aus Äpfeln oder Zwetschgen.

32   Walnußstreuselkuchen

Schwierigkeit: leicht – mittel – anspruchsvoll

Zeitaufwand ohne Wartezeiten, Kochen, Backen: **45 Min.**

▶ **Dieses Rezept stammt** aus dem Elsass, genauer gesagt aus Rosheim. Der Elsässer Name «Roshemer Ropfküeche» bedeutet Rupfkuchen aus Rosheim, er spielt wohl auf die Art der Bearbeitung des Hefeteiges mit den Händen an: Das Zerren und Rupfen des Teiges mit den Fingern, das Graben und Formen kleiner Dellen und Höhlungen, bevor die Walnußmasse auf dem Hefeteig verteilt wird.

Menge für eine konische Tarteform Ø 28/32 cm

Hefeteig
200 ml Milch, 3,5 % Fettgehalt
25 g Frischhefe
125 g Butter
500 g Mehl, gesiebt
100 g Zucker
2 Eier

Belag
200 g gehackte Walnußkerne
200 g Puderzucker, gesiebt
1 Päckchen Vanillezucker (8 g)
1 EL gemahlener Zimt (6 g)
200 g Crème fraîche

Außerdem
Butter für die Form

Zubereitung

Beim Hefeteig ist es ganz wichtig, daß alle Zutaten leicht erwärmt sind, zumindest Zimmertemperatur haben. Also: Alle Zutaten 1 bis 2 Stunden vor Arbeitsbeginn am Arbeitsplatz richten. Außerdem empfiehlt sich zum Kneten des Teigs ein Holzbrett, da der Teig dann beim Arbeiten warm bleibt.

- Die Milch leicht erwärmen, 3 Esslöffel davon abnehmen und die Hefe darin auflösen.
- Die Butter bei mäßiger Hitze in einem Töpfchen schmelzen.
- Das gesiebte Mehl in eine Schüssel geben, die geschmolzene Butter, den Zucker, die Eier und die aufgelöste Hefe hinzufügen. Mit den Knethaken der Küchenmaschine die Zutaten vermengen und nach und nach die Milch hinzufügen.

  Haben sich alle Zutaten miteinander verbunden, den Teig aus der Schüssel nehmen und auf der Arbeitsfläche so lange mit den Händen walken, bis sich eine feste und glänzende Kugel formen läßt.
- Den Teig in die Schüssel zurückgeben und zugedeckt an einem warmen Ort ungefähr 1 Stunde gehen lassen – das Volumen sollte sich dann verdoppelt haben.
- Die Form fetten und den Teig hineingeben. Dabei fällt er wieder in sich zusammen.
- Nun den Hefeteig in der Form ein zweites Mal – für circa 30 Minuten – gehen lassen.
- Anschließend den Teig in der Form mit den Fingern bearbeiten: kneifen, hin- und herzerren, mit den Fingern kleine Höhlungen eingraben, dann einen Rand formen, der in etwa der Höhe der Tarteform entspricht.

- Die gehackten Walnüsse mit dem Puderzucker, dem Vanillezukker, dem Zimt und der Crème fraîche vermischen.

- Diese Masse auf dem Hefeteig verteilen und den Kuchen ein drittes Mal – für circa 30 Minuten – gehen lassen.

- Zwischenzeitlich den Backofen auf 180 °C vorheizen, den Rost auf die zweite Schiene von unten einschieben.

- Im vorgeheizten Backofen 40 bis 45 Minuten backen; nach 30 Minuten Backzeit eventuell mit Alufolie abdecken.

- Nach dem Backen 10 Minuten abkühlen lassen und aus der Form nehmen.

33   Winzerkuchen
oder Apfel-Wein-Torte

Schwierigkeit: leicht – **mittel** – anspruchsvoll

Zeitaufwand ohne Wartezeiten, Kochen, Backen: **1 Stunde**

▶ Der Winzerkuchen sollte mindestens einen Tag, besser noch zwei Tage vor dem Servieren gebacken und dann kühlgestellt werden. Erst durch die lange Kühlzeit entfaltet er sein feines Aroma.

Menge für eine Springform Ø 28 cm

Mürbeteig
240 g Mehl, Type 405
1 gestrichener TL Backpulver (4 g)
80 g Zucker
1 Päckchen Vanillezucker (8 g)
1 Prise Salz
140 g Butter, gekühlt und in kleine Würfel geschnitten
1 Ei (M)

Belag
1,5 kg säuerliche Äpfel: Boskoop, Elstar, Cox Orange o.ä.
2 Päckchen Vanillepuddingpulver (je 42 g)

500 ml Weißwein, halbtrocken oder trocken
125 ml Wasser
250 g Zucker
600 ml Sahne (3 Becher Sahne je 200 g)
3 Päckchen Vanillezucker (24 g)
nur bei sehr hohen Außentemperaturen: 3 Päckchen Sahnesteif
- Kakaopulver zum Bestäuben

Außerdem
Mehl zum Arbeiten
Butter für die Form

Zubereitung

- Die Zutaten für den Mürbeteig rasch mit möglichst kalten Händen zusammenkneten und in Folie verpackt 2 Stunden kühl stellen. Die Form fetten.

- Den Backofen auf 175 °C vorheizen, den Rost auf der zweiten Schiene von unten einschieben.

- Die Äpfel schälen, Blüten- und Stielansatz und Kerngehäuse entfernen und grob raspeln.

- Aus den 2 Päckchen Vanillepuddingpulver, dem Weißwein, dem Wasser und dem Zucker nach Packungsanleitung, jedoch ohne den zusätzlichen Zucker, der auf der Packungsanleitung angegeben ist, einen Pudding kochen. Während des Abkühlens immer wieder umrühren, damit sich keine Haut bildet.

- Den Mürbeteig auf der leicht mit Mehl überstäubten Arbeitsfläche ausrollen und die Form damit auskleiden. Der Teigrand sollte bis knapp unter den Springformrand reichen. Den Boden mit einer Gabel stippen.

- Die geraspelten Äpfel unter den abgekühlten Pudding rühren und die Masse in die Springform geben, glatt streichen.

- Den Kuchen 65 bis 70 Minuten backen.

▶ **Tipp:** Der Kuchen ist im heißen Zustand sehr instabil, deshalb die Backform erst entfernen, wenn der Kuchen fast vollständig abgekühlt ist.

- Den Kuchen bis kurz vor dem Servieren kühlen (siehe S. 256).

- Vor dem Servieren die Sahne mit dem Vanillezucker (und eventuell mit dem Sahnesteif) steif schlagen und entweder mit einem Eßlöffel einfach auf der Oberfläche verstreichen oder mit dem Spritzbeutel dicht an dicht Tupfen oder Rosetten aufspritzen.

- Mit ganz wenig Kakaopulver überstäuben.

34 Zwetschgenkuchen
mit Mandelcreme und Marzipanguß

Schwierigkeit: leicht – **mittel** – anspruchsvoll
Zeitaufwand ohne Wartezeiten, Kochen, Backen: **1½ Std.**

▶ **Zwetschge oder Pflaume?** – Was ist der Unterschied? Allgemein gilt, daß Pflaumen runder und größer, Zwetschgen dagegen spitzer und kleiner sind. Im Badischen werden viele Sorten kultiviert, zunehmend aber großfruchtige XL-Sorten, die aromatisch selten überzeugen, weil sie frühreif in den Handel kommen. Eine der bekanntesten Sorten ist wohl die Bühler Frühzwetschge. Sie wird seit der Mitte des 19. Jahrhunderts angebaut und war einst für das badische Städtchen Bühl die Haupterwerbsquelle. Bei der Fruchtauswahl auf ausgereifte, aromatische Sorten achten, etwa die gelbfleischige späte Hauszwetschge.

Menge für eine konische Springform Ø 26/30 cm

Mürbeteig
200 g Mehl, gesiebt
60 g Zucker
1 Päckchen Vanillezucker (8 g)
1 Prise Salz
130 g Butter, gekühlt und in kleine Würfel geschnitten
1 Ei

Belag
1 – 1,2 kg Zwetschgen

Mandelcreme
4 EL feingeh. Mandeln (40 g)
1 Ei
2 Eigelb
25 g Mehl, gesiebt
40 g Zucker
eine kleine Prise Salz
½ Vanilleschote

15 cl Milch
25 g Butter

Marzipanguß
3 Eier
50 g Marzipanrohmasse
50 – 80 g Zucker, je nach Süße der Zwetschgen
1 Prise Salz
½ Vanilleschote: das ausgekratzte Mark
ein Spritzer Zitronensaft
1 Päckchen Vanillepuddingpulver (42 g)
200 g Sahne, geschlagen

Außerdem
Mehl zum Arbeiten
Butter für die Form

Zubereitung

- Die Zutaten für den Mürbeteig rasch mit möglichst kalten Händen zusammenkneten, zur Kugel formen und in Folie verpackt 2 bis 3 Stunden im Kühlschrank ruhen lassen.
- In der Zwischenzeit die Zwetschgen waschen und entsteinen.
- Für die Mandelcreme die Mandeln brühen, häuten, in einer Pfanne goldgelb rösten und anschließend fein hacken.
- Dann das Ei, das Eigelb, das Mehl, den Zucker, die Prise Salz und das Vanillemark zusammen mit der ausgekratzten halben Schote in einen Topf geben, bei schwacher Hitze verrühren und unter ständigem Rühren nach und nach die Milch hinzufügen.
- Die Mischung durch ein feinmaschiges Sieb gießen und wieder in den Topf geben.
- Butter und Mandeln hinzufügen und unter ständigem Rühren die Masse langsam erhitzen, bis sie dicklich wird. Von der Kochstelle nehmen und kräftig weiterrühren, bis sie glatt und eingedickt ist; beiseite stellen.
- Den Backofen auf 200 °C vorheizen, den Rost auf der untersten Schiene einschieben. Die Form fetten.
- Den Mürbeteig dünn ausrollen und die gebutterte Springform damit auskleiden, dabei einen kleinen Rand hochziehen. Den Boden mit einer Gabel stippen.
- Die abgekühlte Mandelcreme auf dem Mürbeteig verteilen und mit Hilfe eines Löffels glatt streichen. Die Zwetschgen dicht an dicht darauf setzen.
- Den Kuchen 20 bis 30 Minuten backen.

- In dieser Zeit den Guß zubereiten. Dafür die Eier trennen. Zunächst die Marzipanrohmasse grob zerkleinern und mit den Eigelben glatt rühren. Den Zucker, die Prise Salz, das ausgeschabte Mark der anderen Hälfte der Vanilleschote, den Spritzer Zitronensaft und die 3 Eiweiß zugeben und alles zusammen schaumig schlagen. Das Vanillepuddingpulver unterrühren und zuletzt die geschlagene Sahne mit dem Schneebesen unterheben.

- Den Guß auf den Kuchen geben und diesen nochmals in dem auf 180 °C heruntergeschalteten Backofen in 20 bis 25 Minuten fertig backen.

35   Zwetschgenkuchen vom Blech

Schwierigkeit: leicht – **mittel** - anspruchsvoll

Zeitaufwand ohne Wartezeiten, Kochen, Backen: **1¼ Std. Hefeteig**

▶ **Zwillingsteig:** Dieser Badische Klassiker wird meist mit Hefeteig gebacken, mitunter aber auch mit Mürbeteig. In diesem Rezept besteht der Teig zu fast gleichen Teilen aus Hefe- und Mürbeteig. Dieser Zwillingsteig hat den Duft, das typische Aroma und die Feinporigkeit von Hefeteig, ist jedoch durch den Knetteiganteil mürber und hält sich länger frisch als ein reiner Hefeteig.

Menge für ein Backblech 30 x 40 cm

300 g Mehl, gesiebt
1/3 Hefewürfel (14 g Frischhefe)
120 ml Milch, 3,5% Fettgehalt,
lauwarm
60 Butter
1 Ei
30 g Zucker (circa 2 EL)
1 Päckchen Vanillezucker (8 g)
1 große Prise Salz

Mürbeteig
90 g Mehl, gesiebt
1 Messerspitze Backpulver
30 g Zucker (circa 2 EL)
60 g Butter, kalt und in kleine
Würfel geschnitten
1 Eigelb

Belag
1,5 kg Zwetschgen
zum Bestreuen: 20-40 g Zucker,
je nach Süße der Zwetschgen
1 TL Zimt bzw. nach Belieben
mehr oder weniger

Außerdem
Mehl zum Arbeiten
Butter für das Blech

Zubereitung

▶ Zunächst den Hefeteig zubereiten. Da alle Zutaten für den Hefeteig Zimmertemperatur haben sollten, diese circa zwei Stunden vor Arbeitsbeginn am Arbeitsplatz richten.

- Das Mehl in eine Rührschüssel geben, eine Mulde formen, die Hefe hineinbröckeln und mit einem Teil der lauwarmen Milch verrühren.

- Die Butter und das Ei in der übrigen Milch verquirlen.

- Alle Zutaten zum Mehl geben und mit der Maschine oder von Hand alles zusammen so lange kneten, bis ein glatter und elastischer Teig entstanden ist.

▶ Sollte der Teig noch kleben, auf keinen Fall mehr Mehl zugeben, sondern weiterkneten, bis sich der Teigkloß von den Wänden der Rührschüssel bzw. der Arbeitsfläche löst und schön elastisch ist.

- Den Teig mit einem Tuch abdecken und 30 Minuten an einem warmen Ort gehen lassen.

- Während der Hefeteig geht, die Zwetschgen waschen und entsteinen.

- Für den Mürbeteig alle Zutaten auf die Arbeitsplatte geben und rasch zusammenkneten.

- Den gegangenen Hefeteig aus der Schüssel nehmen und nochmals gut durchwalken. Dann mit dem Mürbeteig schnell auf der nur leicht mit Mehl bestäubten Arbeitsfläche zu einem glatten Teig verkneten.

- Das Backblech mit Butter einfetten. Den Teig ausrollen und das Blech damit auslegen.

- Den Backofen auf 180 °C vorheizen.

- Die Zwetschgen dicht an dicht auf den Teig setzen.

- Den Kuchen auf der zweiten Schiene von unten 40 bis 50 Minuten backen.

- Zucker und Zimt mischen, den Kuchen aus dem Ofen nehmen und sofort mit dem Zimtzucker bestreuen.

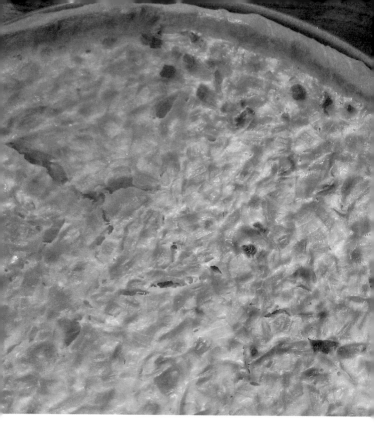

36 Badischer Zwiebelkuchen

Schwierigkeit: leicht – mittel – anspruchsvoll

Zeitaufwand ohne Wartezeiten, Kochen, Backen: **knapp 1 Std.**

▶ Alle Zutaten für einen Hefeteig sollten Zimmertemperatur haben – also frühzeitig das «Altärle» richten.

Menge für eine konische Tarteform Ø 28/32 cm

Hefeteig
300 g Mehl
½ Hefewürfel (20 g Frischhefe)
125 ml lauwarme Milch (3,5 % Fettgehalt)
80 g Butter
1 TL Salz (5 g)
1 Ei

Belag
1500 g Zwiebeln
150 g durchwachsener Speck
250 g saure Sahne
(Fettstufe nach Belieben)
4 Eier
1 Prise Salz
Pfeffer aus der Mühle

Außerdem
Mehl zum Arbeiten
Butter für die Form

Zubereitung

- Das Mehl in eine Schüssel sieben, in die Mitte eine Vertiefung drücken, die Hefe hineinbröckeln und mit der Milch und wenig Mehl verrühren.
- Den Vorteig zugedeckt 15 Minuten gehen lassen.
- Die Butter bei milder Hitze zerlassen, mit dem Salz und dem Ei zum Vorteig geben und alles zusammen mit den Knethaken des Küchenmixers oder der Küchenmaschine zusammenarbeiten. Den Teig aus der Schüssel nehmen und auf der Arbeitsplatte walken, bis er glatt und fest ist und sich zu einer geschmeidigen Kugel formen läßt.
- Den Hefeteig zugedeckt nochmals 15 Minuten gehen lassen.
- Den Backofen auf 200 °C vorheizen, den Rost auf der zweiten Schiene von unten einschieben. Die Form fetten.
- Die Zwiebeln in Scheiben oder Würfel schneiden.
- Den Speck würfeln und in einer Pfanne auslassen, die Zwiebelwürfel zugeben und glasig werden lassen.
- Den Hefeteig auf der mit Mehl bestäubten Arbeitsplatte ausrollen und die Form damit auskleiden.
- Die saure Sahne mit den Eiern, dem Salz und dem Pfeffer verquirlen. Die Zwiebel- und Speckwürfel untermischen, die Masse in die Tarteform geben und glatt streichen.
- Den Kuchen weitere 15 Minuten gehen lassen.
- Dann 40 bis 50 Minuten backen.

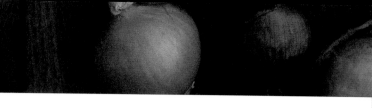

✔ Möglichst heiß servieren.

✔ Dazu paßt hervorragend ein gut gekühlter badischer Weißwein oder ein Neuer Süßer.

Hausgemachte
Kuchen und Torten

Feuerwehrkuchen
mit Kirschen und
Nussstreusel

Himbeertiramisu

Erdbeer-Rolle

Käsekuchen

Aprikosenwaie

Mailänder

Frische Waffeln

Kaffeehäuser

Einkaufen

Orte

Rezepte

Dein
Backbuch
mit coolen Tipps
vom Urli

Ein Kinderbackbuch, das Lust auf's Backen macht. Und ein Backbuch, das sich in erster Linie an die Kids selbst richtet, nicht an backende Eltern. Die 20 Kuchenrezepte im Buch entsprechen dem Geschmack von Kindern, sind ausführlich und kindgerecht erläutert und mit zahlreichen Zeichnungen und fotografierten Arbeitsschritten versehen. Außerdem enthält das Buch viele Tipps, Ratschläge und Hinweise, die der kleinen Bäckerin oder dem kleinen Bäcker die Arbeit erleichtern und zum Gelingen beitragen wollen. Erfolgserlebnisse werden sich bald einstellen, und großer Spaß beim Backen und Genießen der Kuchen sind garantiert!

Dein Backbuch, Marion Jentzsch
120 Seiten, zahlreiche Zeichnungen und Fotos
Format: 19,5 x 26,0 cm
gebunden, gestrichenes Papier
19,50 Euro
ISBN 978-3-00-039363-1
1. Auflage 2012

Altersgruppe: ab 9 Jahren

www.die-foto-back-und-schreibwerkstatt.de

Fotos

Marion Jentzsch: Titelbild, 5,18,19,26,29,32,34,45,65,68,79,104,106,
110,118,119,120,122,124,126,128,129,130 und alle Rezeptbilder.
Confiserie Mutter 59
Schwarzwälder Genußwerkstatt 74
Peter Kübler 21, 21
Au Fond du Jardin 121
Alle anderen Fotos: W.Abel, C. Stauch

Karten
Römer.Grafik Ihringen

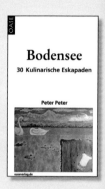

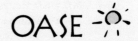

Alle Angaben in diesem Buch wurden von der Autorin nach bestem Wissen erstellt und mit Sorgfalt geprüft. Inhaltliche Fehler, auch unzutreffende oder geänderte Öffnungszeiten, sind dennoch nicht auszuschließen. Daher erfolgen alle Angaben ohne Gewähr des Verlags und der Autorin. Beide übernehmen keine Verantwortung oder Haftung für etwaige Unstimmigkeiten.

Die Autorin freut sich über Anregungen und Hinweise.

© 3. erweiterte Auflage 2013
Oase Verlag
79410 Badenweiler
Tel. 07632-7460
www.oaseverlag.de

ISBN 978-3-88922-105-6 • Alle Angaben ohne Gewähr
Herstellung: fgb • Freiburger Graphische Betriebe